SAHADAKİ
GOLLER
YAŞAMDAKİ
ROLLER

SAHADAKİ GOLLER YAŞAMDAKİ ROLLER

Futboldan Alınacak Dersler

DR. MEHMET FUAT ULUS,
Uzman Psikiyatrist

Order this book online at www.trafford.com
or email orders@trafford.com

Most Trafford titles are also available at major online book retailers.

Printed in the United States of America.

ISBN: 978-1-4669-1057-7 (sc)
ISBN: 978-1-4669-1056-0 (e)

Trafford rev. 01/24/2012

www.trafford.com

North America & international
toll-free: 1 888 232 4444 (USA & Canada)
phone: 250 383 6864 ♦ fax: 812 355 4082

İÇİNDEKİLER

İKİNCİ BÖLÜM

Sahada Olanlar ve Açılanlarla Solanlar

Bu kitap kime ithâf edilmektedir?

İstanbul'un Kurtuluş semtine 1951 senesinde taşınmıştık . . . Uzaktan akrabâmız olan Akmen Ailesiyle görüşmeye geçmiş, annem Zehra Hanım'ın çok sevdiği arkadaşı Neriman Hanım'ın oğlu Üstün ile ilkokul çağı arkadaşlığımız başlamıştı . . . Üstün, o yaşında bile bir Fenerbahçe taraftârı idi ve babam Turhan Bey ve ağabeyim Cemil'den çok önce "Fenerbahçeliliği" bana öğretmeye yönelmişti . . . Bir kere ziyâret esnâsında tavla pullarını kullanarak "maç yapma" yı önerdi . . . Tavla taşlarının sarı renkli olanlarının üzerine, o zamânın meşhur olan Selâhattin, Nedim, Müjdat, Akgün, Melih, Lefter, Fikret, Mehmet Ali, Feridun, Burhan, Abdullah, Niyâzi gibi Fenerbahçeli futbolcuların isimlerini tükenmez kalemle yazdı! . . . Misâfir odasında yerdeki halıyı saha yaptık . . . Çuvaldız iğnelerle de kaleleri belledik . . . Ortaya bir cicoz, cam bilya koyduk ve her oyuncunun sırasında arka-arkaya 3 kere bilyaya vuruş yaparak karşı "kaleye" hücum kuralını da uyguladık . . . Bâzen o Fenerli oluyor, benim siyah tavla taşlarına karşı oynuyor, bâzen de ben Fenerbahçeli pulları alıyordum . . . Ağabeyim bize uğradığı bir gün, önce ne yaptığımızı sormuş, gülmüş-geçmiş ama biraz sonra "Fenerli" pulları alarak ikimize karşı oynamaya kalkışmıştı! . . . Bir akşam, babam da yaptığımızı izlemiş, şaşkın kalmıştı . . . Bunun kimin başı altından çıktığını sormuş, Üstün olduğunu öğrenince de, hemen anneme dönerek ve Üstün'ü kastederek, ". . . Hanım, bu çocuğa dikkat edin, büyüyünce şeytana pabucunu ters giydirecek!" demişti . . . Dekatlar geçti, Üstün Üstâdımız, babamın iyi tahmîn ettiği gibi, halâ şeytana pabucunu ters giydirmektedir!

Bu kitap, daha maçlara gitme yaşından çok evvel, bende futbol sevgisini başlatan, uluslararası yazar ve tiyatro sanatı eleştirmeni Üstün Akmen Üstâdımıza ithâf edilmektedir.

Dr.Fuat Ulus

FUTBOL YILDIZLARINDAN YAŞAMA PARALELLER

"Every kid around the world who plays soccer wants to be Pelé. I have a great responsibility to show them not just how to be like a soccer player, but how to be like a man."

"Dünyânın etrâfında futbol oynamakta olan her çocuk bir Pelé olmak ister. Benim, onlara yalnız nasıl bir futbolcuya benzemeyi değil, nasıl bir insan olmayı göstermede büyük bir sorumluluğum bulunmaktadır."

Pelé

"Fail to prepare, prepare to fail . . ."

"Hazırlıkta geri kalan, geri kalmaya hazırlanır . . ."

İrlanda Millî Takım Oyuncusu Roy Keane

"Failure happens all the time . . . It happens everyday in practice . . . What makes you better is how you react to it."

"Başarısızlık her zaman olur . . . Her günkü çalışmada olmaktadır . . . Seni daha başarılı yapan, başarısızlığa nasıl tepki gösterdiğindir."

ABD Hanım Milli Futbol Takım Kaptanı Mia Hamm

"Every disadvantage has got it's advantage."

"Her dezavantajın bir avantajı vardır."

Hollanda Milli Takım Kaptanı Johan Cruyff

www.allgreatquotes.com/soccer_quotes.shtml

ÖNSÖZ

Futbol . . .

Dünyanın 1 numaralı sporu . . .

Birçok memlekette "spor" denilince ilk akla gelen oyun . . .

Değişik kültürlerde "ikinci dinsel inanç" şeklinde bile algılanan, dolayısı ile "tapılan" bir sistem . . .

Bu kadar spor branşı varken, daima heyecânını diğerlerinden daha fazla duyuran ve koruyan bir fenomen . . .

Âdetâ sihirsel bir antite . . .

Alkol, madde, kumar, cinsel ilişki ve diğer bağımlılıklardan da ilerde bir tutku . . .

Skandallarıyla, şikeleriyle, kötülükleriyle, çirkinlikleriyle ve yanlışlıklarıyla bile gönüllerden bir türlü atılamayan, sırt döndürülemeyen bir sevgili . . .

Uğrunda cinâyetler işlenecek kadar ciddiye alınan bir hobi—Kolombiya Milli Takımının oyuncusu olan Escobar'ın, 1994 Dünya Kupası, ABD maçında kendi kalesine attığı golün takımın elenmesine sebep olması yüzünden, Kolombiya'ya döndükten sonra öldürülmesi— . . .

Milletlerin birbirlerine savaş açmalarına kadar giden bir rekâbet hastalığı—Honduras ve El Salvador'un, 1970 Dünya Kupası için 1969 yılındaki karşılaştıkları maçtan sonra dört gün süren "Futbol Harbi" ve binlerce sivilin silahlı asker çatışmasında telef olması ve yaralanması ile neticelenen sürtüşme . . .

Öyle bir sevgili ki, zengininden fakirine, eğitimlisinden câhiline, kültürlüsünden basitine, patronundan işçisine, beyinden hanımına, politikacısından politikasızına, ebeveynden çocuğa, Mafya babalarından çiftlik ağalarına, sanatçısından sanatsızına, özetle yedisinden yetmişine, din, dil, ırk, milliyet, ve diğer demografik ayrıntılara önem vermeden herkesi büyülemekte . . .

İyi, güzel de . . .

. . . bu kadar değişik karakterdeki gruplara ve toplumlara hükmeden bir sevgilinin bizlere ne faydası dokunmaktadır?

Öyle ya . . . bâzen maçın biletini almada ailenin ekmek parasından bile çalınmamakta mıdır?

Stat içinde ve dışında, başka zaman karıncayı bile incitmeyen zârif karakterlerdeki futbolseverler, hiç yoktan sebeplerle birbirlerini öldürmekten sakınmayan bir şekilde sille-tokat kavgalara girişmekte değil midirler?

Bir yerde 5 dakika bile sırasını beklemeye sabrı olmayanlar, hemen başkasının önüne geçerek açıkgözlük sevdâsında işini bitirmek isteyenler, stat önlerinde saatlerce beklememekte midirler?

Ya yazın oynanan maçlardaki korkunç güneşe ve kışın olanlarda ise dondurucu soğuk etkisine katlanılmaya ne demeli?

Özetle, kendimizden çok verdiğimiz bir düzeyde, karşılık ne görmekteyiz?

Maçlara gittiğimiz için cebimize para mı giriyor?

Madalya ile mi onurlandırıyoruz?

Bağırmaktan ve çağırmaktan dolayı kaybettiğimiz sesimizin tedâvisi için bile gereken ilâcın parasını karşılayanlar var mı?

Kazancımız nedir?

Demek ki, futbol, yaşamımızda karşılıksız olarak taht kurmuş bir durumda . . . ve devamlı olarak bizlerden almakta ama hiç bir şey de vermemekte . . .

O zaman, şöyle bir sorumuz olacak:

Bizim futbola verdiğimiz derecede, acaba futbol da bizlere birşeyler verebilir mi?

Gelin, işin tersini düşünelim:

Acaba yaşamımız futbolda bir taht kurabilir mi?

Yaşamımızı futbola götürerek karşılığında birşeyler kazanabilir miyiz?

Futboldaki olanlardan ve olaylardan günlük yaşamımıza paraleller çekebilir miyiz?

Oyun esnâsındaki durumları, yaşamımızla bağdaştırabilir miyiz?

Genelde futbolu, özelde de belli maçları günlük hayâtımız ile özdeştirebilir miyiz?

Futbol, yaşamımız için kıssadan hisse alınacak bir metafor olabilir mi?

Yazara göre bunların hepsi oluşabilir . . .

Hattâ, bir ruh sağlığı danışmanı yeterliliği ve yetenekliliğiyle bizleri iyiye-güzele-doğruya bile yönlendirebilir.

"Futbol da ruh sağlığı danışmanı mı olurmuş?" demeyiniz . . .

Zamânımız stres devridir.

Her gün, yazarın, "Mahşerin Dört Duygusu" olarak karakterlendirdiği öfke, kaygı, üzüntü ve/veyâ korku etkisi altında yaşamaktayız.

Kendimize güvenimiz azalmıştır . . .

Özverimiz teklemektedir . . .

Başkasından ve başkalarından şüphelenmemiz artmaktadır . . .

İçgörünün kaybolduğu düzeylerden geçilmektedir . . .

Ekonomik, politik, kültürel, toplumsal problemler birbiri üzerine yüklenmektedir . . .

İnsanlar gün geçtikçe sevgi-saygı-güven üçgeninin dışında kalmaktadırlar . . .

"Ben, köşeyi döneyim de, başkasına ne olursa olsun . . ." felsefesi son zamanlarda daha fazla izlenmektedir . . .

Dolayısı ile . . .

Bir grup, pardon, toplum terapistine gereksinim duyulmamakta mıdır?

Her "Hâl-i kâr" da, futbol, toplumu en fazla etkileyen bir "sevgilimiz" değil midir?

Bahsi edilen sevgilimiz de, bu kadar bencil beklentilerinden uzaklaşarak, "sevgili" kimliğinden ayrılarak, gönüllerimize kurduğu tahtta, psikoterapist karakterine bürünebilir, eline not defterini ve kalemini alabilir, ofisinde bulunan etrâfındaki koltuklara de bizleri dâvet edebilir, hepimiz oturduktan sonra da toplum terapisine başlamayı önerebilir . . .

Nasıl mı diyeceksiniz?

Bir düşünelim:

Futbolu, yaşamımızla veyâ yaşamımızın bir devresiyle özdeştiremez miyiz?

Bazı maçlar, tuttuğumuz takımın galibiyetiyle bitmiş, güzel ve özverili oyunu ile de süslenmiştir (Yaşamdaki uğraşımızda aldığımız olumlu sonucu, uygulamamızdaki zengin ve renkli, keyifli başarılarımız da süslemiştir!).

Bazı maçlar, tuttuğumuz takımın galibiyetiyle biter ama ortaya güzel bir oyun konmamıştır (Yaşamdaki uğraşımızda olumlu sonuca ulaşmamıza rağmen, uygulamamız zevk vermemiş, keyiften uzak, sıkıcı ve anlamsız olarak algılanmıştır!).

Bazı maçlar, tuttuğumuz takımın mağlûbiyetiyle biter ama herşeye rağmen, takım istekli, heyecanlı ve güzel bir oyun sergilemiştir (Yaşamdaki uğraşımız başarıya ulaşamamıştır ama uygulamamız yine de bizleri umutlandırmış, keyiflendirmiş, eğlendirmiş ve heyecanlandırmıştır!).

Bâzı maçlar, tuttuğumuz takımın mağlubîyetiyle bitmekle kalmamış, üstelik, ortaya güzel ve hareketli bir futbol da konmamıştır (Yaşamdaki uğraşımız olumlu bir sonuç vermediği gibi, uygulamamız da yanlışları, eksiklikleri ve hatâları sergilemiştir!).

Bu kitap, yukardaki dört futbol olasalığının,
dört yaşam olasalığına çekilebilen paralellerini incelemektedir.

Birinci Bölüm bir kuram konumu oluşturmaktadır. Çeşitli kısımlar, futbolun sahadaki kinetik ve dinamiğinde yer alan değişik olay ve hareketlerden, yaşamımızda her gün çektiğimiz sıkıntılara, deneylediğimiz strese ve geçirdiğimiz zorluklara çekebileceğimiz paralellerin gözden geçirimini ve bunlarla başetme prensiplerini yansıtmaktadır.

İkinci Bölüm ise bir "Çalışma Atölyesi" şeklinde derlenmiştir. Geçmişte oynanan bâzı "unutulmayacak maçlar" ı sunmakta, müsâbakaların tarihsel bilgilendirilmesinden sonra izlenen kinetiği ve dinamiğini gözden geçirmekte, maç esnasındaki olayları, devrin idârecilerini, antrenörlerini, oyuncularını ve hattâ futbolseverlerini yansıtmakta, yine sahadaki olanlardan hakikatteki yaşamımıza paraleller çekilerek, önceki bölümde "kuramsal" olarak sergilenen durumların sentez ile birleştirilerek "uygulanım" düzeyinde, pratik boyutta, Bilişssel-Davranışçı yaklaşımda, problemlerimizi, zorluklarımızı, stresi günlük hayatımızda hala-yola koymada, baş etmede bâzı önerileri gözler önüne sürmektedir.

Yaşamımızı paylaştığımız futbol'un, artık bizlere de bir faydasının dokunması zamanı gelmiştir.

Başta kurumsal ve mesleksel psikiyatri psikoloji uzmanları olmak üzere, ruh sağlığı alanında çalışanların futbolda danışmanlığa başladıkları görülmektedir. Burada ise, işin aksi tartışılmakta, futbol'un yaşamımızdaki danışmanlığı ve yardımı gözden geçirilmektedir.

Birinci Bölüm

Sahada Olanlar

ile

Yaşama Dolanlar

FUTBOLOTERAPİST

YETENEKLER

Hepimizin bildiği gibi, psikoterapi'nin değişik yaklaşımları bulunmaktadır. Yaşamdaki futbolo terapistimiz ise Bilişsel-Davranışçı prensipleri kullanmaktadır.

"Bilişsel-Davranışçı da ne demek oluyor?" diyeceksiniz.

Ruh sağlığı bilimlerinin ekollerinden, kahvehâne köşelerine kadar birçok târifi bulunmaktadır.

Kısaca şöyle anlatılabilir:

Etrafımızı değiştiremiyorsak, ödün vermeden kendimizi değiştirmemiz!

Mâlum, her değişime rağmen kendini koruyarak kuşaklarını yürütebilen yaratıklar "en kuvvetli" olanlar değildir, "en hızlı" olanlar da değildir, "en büyük" olanlar da değildir . . .

Değişime "en fazla" ayak uydurabilenlerdir . . .

Bu gün, yazarca "Mahşerin Dört Atlısı" ndan adapte edilmiş, "Mahşerin Dört Duygusu" olan Korku, Öfke, Kaygı ve Hüzün'ün ortaya çıkması, devâmı ve kötüleşmesine etrâfımıza karşı uyum yapamamamız sebep olmaktadır.

İç dünyâmızı, bu dış dünyâya paralel götürdüğümüzde de, mutlu olmasak bile yaşamda yerimizi sağlamlaştırdığımızdan dolayı, daha doyumlu bir akım potansiyeli ve umudu yaratmış bulunuruz.

Peki, prensiplerimizden ödün vermeden, bizi biz yapan karakterimizden uzaklaşmadan, dış dünyânın isteklerine, iç dünyâmızı nasıl uyduracağız?

İşte burada Bilişsel-Davranışçı metotlar devreye girmektedir.

Bu yaklaşımların "duygu" ile ilgileri yoktur.

"İnanç" ile de bir ilişikleri bulunmamaktadır.

Bütün dinamik, "düşünce" ve "karar" üzerine kurulmuştur.

Hadi bakalım, "düşünce" yi târif edin!

İlginçtir, çok kimse düşünceyi târifte mutlaka ya duyguları, ya inançları, ya da ikisini birden kullanırlar!

Düşünce odaklı panellerde, söyleşilerde, gözden geçirimlerde ve diğer karşıt fikirlerin sergilenmesinde, katılımcıların kavgalara bile dönüşebilen tartışımlarının da sebebi işin içine duyguları ve inançları karıştırdıklarındandır!

Düşünceyi bir bilgi-sayar işlevi gibi "Beş K" ile sergileyebiliriz:

Önce bir "kayıtlama" da bulunuruz:

Beş duyumuz ile algıladığımızı belleğimize yazarız.

Sonra bir "konaklama" ya geçeriz:

Belleğimize yazdığımızı dosyalarız.

Daha sonra bir "kanıtlama" devresi yaşarız:

Olayın yeni bir deneyim mi, yoksa
eskiden kanıtlanan diğer olayların benzeri mi olduğunu gözden geçiririz.

Bunu bir "karşılaştırma" fazı izler:
Algılanan antite ile ilgili alınacak karar verilmeden algoritmik bir analiz işleme geçer. "Böyle yapılırsa şu olmakta mıdır? Evet ise bunu yapmalı, hayır ise şuna geçmeli" başlangıcı ile başlayan gözden geçirim, fikrin sağlığı-sağlıksızlığı hakkında

aydınlatımın yanında, bu seri karşılaştırma ile avantajları ve dezavantajları da ortaya koyar.

En son olarak ta, işin risk ve faydalarının hesaba katılmasından sonra kavrama ulaşmış antite'nin "kararlama" şeklinde bildirimiyle düşünce "yapılanmış" olur.

Gördüğümüz üzere, burada ne duygu ve ne de inanç rol oynamaktadır!

Futboldan bir örnek verelim:

Bir orta saha oyuncusu topu kapıyor ve hemen ilerde harekete geçen arkadaşlarına bakıyor . . . Biri sağ, öteki de sol açık pozisyonunda iki arkadaşı da marke edilmemiş durumda . . . Orta saha da kalabalık . . . Topu, tabii ki, açıklardaki marke olmayan arkadaşlarından birine atacak . . . ama, hangisine?

Sağ açıktaki arkadaşı ile son zamanlarda kişisel problemlerden geçinememe durumunda . . . Pek sevmiyor . . . Topu soldaki, sevdiği arkadaşına atıyor . . . Hücum, topun avuta gitmesiyle sonlanıyor . . . Sağdaki arkadaşı kızgın . . . Kendisinin daha iyi bir pozisyonda olduğunu bağırarak iddia ediyor . . .

Bir zaman sonra yine aynı pozisyon: Topu yine soldaki arkadaşına açıyor . . . Karşı takımın savunma oyuncusu ikili mücadeleden galip çıkıyor ve topu kaparak uzaklaştırıyor . . . Sağdaki arkadaşı yine başını sallayarak mutsuzluğunu gösteriyor . . .

Bir zaman sonra, yine aynı durum, yine topun sola açılması . . . Bu sefer, kaleci, atılan şutu kurtarıyor . . . Sağdaki arkadaşı ellerini havaya kaldırıyor . . . Topu bir türlü alamamanın ve sağdan hücum denemesine kalkılamamanın bozuntusu içinde . . .

Şimdi bahsi edilen orta saha oyuncusunun, devamlı olarak sol taraftaki arkadaşını beslemesinin sebebi nedir?

Sağ taraftaki arkadaşını sevmemesinden . . . yâni, "duygusal" bir karar!

"Düşüncesel" bir karar değil!

. . . ve bu "duygusal" olarak verilen karar ile de, belki, sağdan gol ile sonuçlanabilecek akımları başlatmamış oluyor!

. . . ve bu şekilde, takımına da fayda sağlamamış bulunuyor!

Peki, "düşüncesel" karar veren bir orta saha oyuncusu nasıl davranacak?

Bir yerde içgüdüsüne, bir yerde de deneyim ve birikimlerine dayanarak, sağdaki mi, soldaki mi, kararını saniyeden de aşağıda bir zamanda verdikten sonra, soldakinin, daha iyi bir mevkiide bulunduğu kararı ile, topu sola açıyor . . . Arkadaşı alıyor, dribling yapıyor ve berbat bir şut ile avuta atıyor!

Orta saha oyuncusunun umutları sönmüş değil . . .
Topu kazandığında yine aynı arkadaşına bir daha
pas veriyor . . . Arkadaşı alıyor, driblinge
geçiyor ama topu rakip oyuncusuna kaptırıyor . . .

Orta saha oyuncusu, arkadaşının gününde olmadığına kanaat getiriyor . . . Topu yine çaldığında, bu sefer sağda bekleyen arkadaşına yolluyor . . .

İşte eskilerin "Pavlovian-Pavlovyen" dedikleri, Bilişsel Davranışçı yaklaşım, özdeştirme de, bu şekilde kendini gösteriyor . . . Oyuncu paslarını sağa veya sola dağıtımında neticeye bakıyor. Pas vereceği futbolcuyu sevmediği için topu atmama, pas vereceği futbolcuyu da sevdiği için pası ona uzatmayı yansıtan "duygusal" kararlar vermiyor. Deneme-değerlendirme üzerinden, sonuca gidiyor.

Kıssadan hisse:

Bir işimiz için, bir uzman'a gereksinim var . . .

En iyi uzmanı biliyoruz ama onun ile önceden bir antlaşmazlığımız bulunmakta . . .

Uzman aslında yine bizle çalışmak istemekte . . .

İşi ona verecek miyiz?

Yoksa duygularımıza kapılarak bahsini bile etmemeyi mi tercih edeceğiz?

Sevdiğimiz ama yetenekleri daha az olan yeni bir uzman ile mi anlaşacağız?

Topu açmada takımımızın zaferini mi planlamaktayız yoksa, sevmediğimiz birinin bizi başarıya götürmesini bile istemeyen "duygusal" düşünce-karar verme sirkülerlerinde mi işlevleyeceğiz?

SAHADAKİ ONBİR

YAŞAMDAKİ ONBİN

Futbol maçında sahadaki 11 kişinin birbirlerine ne kadar ihtiyaçları olduğunu görmek zor bir iş değildir.

Kaleci, yediği golü telâfi edecek bir santrafor'a ihtiyaç duyar . . .

Santrafor, kendi kalesinde gol görmemesi ve dolayısı ile gollerinin değerlendirilmesi için kalecisine ihtiyaç duyar . . .

Yalnız saha içindeki oyuncular mı?

Saha dışında, antrenör idâreciye ihtiyaç duyar . . .

İdâreci, taraftarlara ihtiyaç duyar . . .

Taraftarlar, takıma ihtiyaç duyarlar . . .

Şimdi bundan kolayca yaşamımıza paraleller çekebiliriz:

Sabahleyin işe giderken simitçiye ihtiyaç duyarız . . .

Simitçi, işi için bir-iki saat başka bir yere gideceğinden, tezgâha sâhip çıkacak arkadaşına ihtiyaç duyar . . .

Arkadaşı, yokluğunda evdeki işini takip etmesi için eşine ihtiyaç duyar . . .

Eşi, bu işi yapmada komşusunun, çocuklarına bakmasına ihtiyaç duyar . . .

Âilede olsun, komşulukta olsun, işte olsun,

bütün yaşamımız birbirimizden beklediğimiz
bir ihtiyaç silsilesinde döner-durur.

Ne kadar "izolatif" bulunsak, yalnız kalmaktan ne kadar keyif duysak, hep yalnız başımıza yaşama eğiliminde olsak, dâima başkalarına ihtiyaç duymamız kayıtlanmış ve kanıtlanmıştır.

İnsanın yaradılışında bu "network," yâni "yaşama-çalışma ağı" daha doğmadan kurulmuştur . . .

Şimdi gelelim, diğer bir "futboldan yaşama" paraleline:

Tenis gibi kişisel rekâbet sporlarının dışında spektatör oyunları dediğimiz iki takımın kazanmak için ortaya koydukları didinmelerin izlendiği konumların belki de en önemlilerinden biri futboldur. Futbol da, voleybol, basketbol, beyzbol, Amerikan Futbolü, hokey ve diğerleri gibi hem bir takım oyunu, hem de kişisel yeteneklerin parladığı bir akım sergilenmesidir. Diğerlerinden farkı, belki de "kimin, nerede, ne zaman ve nasıl" takım oyununa katılımda bulunacağının, sahanın büyüklüğü dolayısı ile daha da önem kazanmasındadır. Örneğin voleybol'da, basketbol'da, hokey'de hareket edilen alan futbol ile karşılaştırıldıklarında küçük oldukları ve savunma-orta saha-hücum görevlerindeki oyuncuların kolaylıkla birbirlerinin yerini alabildikleri kanıtlanmıştır. Futbolda ise bâzı durumların dışında oyunculardan, ironi boyutunda, kişisel yeteneklerini takım oyununa adapte etmeleri beklenir. Diğer bir deyişle, futbol hem kişisel ve hem de takım oyunu karakterlerini dengede tutmayı ve yararlı olmayı güde-gelmiştir. Futbolculara hem kendi stillerini konuşturmalarında otonomi verilirken takımın strateji ve taktiği ne ise onu da unutmamaları, ona hizmet etmeleri önerilir.

Şimdi bu sistemi, günlük yaşamımıza götürelim:

Aile yaşamı olsun, komşuluk ilişkileri bulunsun, kurumsal ve mesleksel sirkülerlerde düşünülsün, günümüz koşma-koşturması, bir yerde otonomimizi korurken bir yerde de içinde bulunduğumuz ortamın beklentilerini karşılaştırma dengesini devam ettirme uğraşısı değil midir?

Bu dengeleme girişiminde eğer otonomimize öncelik tanırsak, istediğimizi, istediğimiz yer ve zamanda yapmaya girişirsek, etrafımızdaki çevrenin bizlerden beklentisine karşı gelebilir ve düzensizlik yaratabiliriz. Aksine, yalnız etrâfımızın bizden beklentisine hizmet eder, kendi yaratıcılığımızı ve innovasyonumuzu geri bırakırsak, yapıcı ve olumlu yaşamdan uzaklaşmış, bir robot gibi varoluşumuz bizleri yaşamdan sıkmaya-sıkılmaya yöneltebilir.

Bir maçta, kendi kafasına giden oyuncular, antrenörün taktik ve stratejisini yerine getiremeyeceğinden takıma zarar vermemeleri için oyundan bile alınabilirler. Aksine, hiç bir yaratıcılık göstermeden taktik ve stratejiye hizmet eden oyuncular da ortaya, izleyicilerin sonunu bile beklemeden stattan ayrılabildiği, çok tatsız-tuzsuz, sıkıcı bir maç koyabilirler.

Almanların efsânevî antrönörü Herberger'e, "sizce bir antrenör başarılı olması için ne yapmalıdır?" sorusunu, bu futbol dengesine değinen bir şekilde cevaplamış, "Onbir futbol âlimini, sahada, bir çocuk eğlence parkında barındırabiliyor ise başarılı demektir" sözleriyle târihe geçmiştir.

Herberger bu formülerinde, futbolun hem disiplin içinde yürütülmesi gereken "ilim" dalı, hem de uygulanmasında çocuksal eğlentili "sanat" dalının kullanımına değinmiştir. İnnovasyon olmadan robotlaşmış bir futbolun verimli olmamasının, sıkıcılığın, bunaltıcı etkisi yanında, metodolojiden uzak kalan "eğlence-eğlenti" futbolunun da momentumunu kaybederek olumlu sonuç sağlayamayacağını belirtmiştir.

Görüyoruz ki, futbol ile genel yaşamımızda çok benzerlik bulunmaktadır. Ailemizde, arkadaşlıkta, mesleksel ve kurumsal çevremizde bir yerde gelenek-görenek-kanun-nizam-yol gösterimi gereksinimini duyarken, görevlerimizi yerine getirmede biraz da hürriyet bekler, işlevlerimizi kendi yeteneklerimize göre yürütmeyi ararız.

Filmlerdeki Mafya Babalarının, bir işi bitirmede görevlendirdikleri teğmenlerine, "... I give you 72 hours to get results ... how you do is your business ..." yâni" ... üç gün içinde netice bekliyorum ... nasıl yapacağın beni ilgilendirmez ..." demelerinde, bu denge mesajını vermelerini ilginç bir şekilde izlemekteyiz.

Kıssadan hisse:

Futbolda olduğu kadar, yaşamımızda da "moderasyon—ortada bir yerde olma/bulunma" dengesini sağlamak, mutluluk getirme, mutluluk vermese bile, "hâlinden şikâyetçi bulunmama" potansiyelini yaratmada ve yansıtmaktadır.

Neden ise, insanın doğasında zor olanı, aşırı uçlar arasında denge bulabilmekte, devam ettirebilmekte ve faydalarını kayıtlayabilmektedir.

Çok fazla hürriyet kurumsal bozukluğa yol açar . . .

Çok fazla baskı orijinaliteyi, yapıcılığı önler . . .

İkisinin ortasında ise, her ihtiyaca cevap verebilecek bir sistem bizleri beklemektedir.

HÜCUM-SAVUNMA

GİRİŞİMLER-TEDBİRLER

Bir futbol maçını izlerken ne görürüz?

Her iki takım da topu kaidelere uygun olarak karşı kalenin ağları ile kucaklaştırmaya çalışırken, rakip takımın da aynısını yapmasını önleme uğraşısı içinde olduklarıdır.

Birincisi atak, ikincisi ise savunma işlevlerinin üstlenilmesi . . .

Peki bu akımları günlük yaşamımıza nasıl yansıtacağız?

Burada atak, hücum, aile-komşuluk-meslek-kurum çevrelerinde kazanç uğruna ortaya koyduğumuz uğraşıları yansıtır. Yaşamımız değiştikçe bazı girişimlerde bulunmamız kaçınılmaz olabilir. Evlenme, çocuk sâhibi olma, daha iyi bir işe geçme, daha iyi bir araba için para biriktirme, vs. yaşam "ataklarını" sergileyebilir.

Savunma da, kazanç üretmeye giderken elimizdekinden de olmamayı önleyici işlemleri sergiler. Hazırlıklarımızın iyi gitmemesi olasalığını göz önüne alarak daima bir B planını yedekte tutmamız, ruh ve beden sağlığımıza ilgi göstermemiz, içki-kumar-cinsel ilişki hovardalığından uzak durmamız, çeşitli alanlarda sigortalanmamız, vs. yaşam "tedbirlerini" yansıtabilir.

Dolayısı ile yine futbol ile yaşamımızda bir köprü kurmuş bulunmaktayız.

Sınava girecek olan öğrenci biraz daha
çalışarak geçmeyi garantilerken, bu fazla
saatleri çalışmaya döktüğünde uykusuz
kalacağının hesabını da yapmak zorundadır.

Bir yatırımcı daha fazla fâiz veriyor diye riskli bir hesaba yönelirken, riskten dolayı bütün parasını da kaybetmeme dikkatini gösterme zorundadır. Yaşamımızda "Dimyata giderken eldeki bulgurdan da olmama" atasözünü anımsamanın faydalarını algılamak zorundadır.

Futbolda olduğu kadar yaşamımızdaki problemlerimiz de hücum ve savunmaya aşırı ağırlık vermemizden kaynaklanabilir.

Aşırı bir savunmaya girişmek, eski futbolseverlerin "Çanakkale geçilmez" şeklinde mizaha kaçtıklarında, 11 kişinin ceza sahası içinde kaleyi korumalarının karikatürizasyonu ile belirtilen durumunda, eninde-sonunda korkulan golün yenmesini hazırlayabilecektir. "The best defense is offense—En iyi savunma, hücumdur" sözü boş yere söylenmemiştir. Mücadeleyi kalenin önünden en az orta sahaya kadar taşımak ve hatta ideal olarak ta, rakip sahaya götürmek "en iyi savunma" olarak herkesçe kabul edilmektedir.

Aşırı bir atak sürdürmek te, aşırı bir savunma kadar sağlıksız olabilir. Futboldaki "counter attack-kontratak," bu zayıflığı sergilemektedir. Orta saha ve bilhassa savunmaya pek önem vermeden, bütün takımı rakip yarı sahasına yığan bir felsefe, karşı takım oyuncularından birinin topu kaptığında, bir koşu ile, bilhassa başka bir arkadaşı ile, "ver-al" paslaşmasında, bu kaleye akarak, kaleci ile karşı karşıya kalma tehlikesini yaratabilir. Bir A takımı bütün maç boyunca, rakibi B takımının yarı sahasında oynayabilir, atılan şutlar ya avuta gider, ya kalecice kurtarılır, kornerler çekilir, serbest vuruşlar kullanılır ama futbolda topun, "girmezse girmez" dedirten o inatçı direnişi sergilenirken, B takımının bir oyuncusu topu
kapar, A takımı sahasında ortalığı boş bulur, rahatça bir akın yapar, bir şut çıkarır ve "goooool!" Yine eskilerin, ". . . biz oynadık, onlar kazandı!" lâfı da buradan gelmektedir.

Bazen "savunmada iyi, hücumda zayıf" takımlardan bahsederiz. Böyle bir takımın ayrıca "beraberlik takımı" şeklinde takma ismi bile oluşabilir.

Aksine, "atakta iyi, savunmada zayıf" takımlardan da bahsederiz. Böyle takımların maçları da 5-4, 4-3 veya 3-2 gibi "bol gollü" biterse şaşırmayız.

Şimdi . . .

Gelelim, yaşamdaki paralele:

Bazılarımız, yaşamda ne bulabilmişsek onunla doyuma ulaşmış bir şekilde "daha iyiye-güzele-doğruya" yönelik girişimlerden kendimizi uzak tutarız. Burada "kanaat etmek" ile "pısırıklık" arasındaki farkı gözetmemiz gerekmektedir. Lüzumsuz para-kuvvet-varlık hırsı sağlıklı değildir. Kimselere muhtaç olmadan geçinmede kanaat, eldekiyle idâre etmek, bununla da mutlu olabilmek, tabii ki idealdir. Bununla beraber ihtiyaçlarımız kantitece fazla, kalitece de ağır ise ve kimsenin hakkını yemeden varlığımızı geliştirmek olasılığı bulunmakta ise, herşeye rağmen yine eldekiyle kanaat etmek, artık "kanaat etmek" değil, "pısırıklık" derecesine girmektedir. Evren daimi bir şekilde değişmektedir. Yaşamımız da bu akımda değişecek ve yeni yeni ihtiyaçlar gündeme gelecektir. Bu yeni ihtiyaçları karşılayabilmek için de yeni girişimler gerekecektir. Bunlara girişmeyen, "devamlı savunmada kalma" yı tercih edenler de, olası "daha iyiye-güzele-doğruya" yönelmekten hem kendilerini, hem ailelerini ve
hem de bazen işlerini bile aksatabileceklerdir.

Bazılarımız ise, bunun karşıtı olan aşırı "daha iyiye-güzele-doğruya" yönelmede, etrafımızda bir değişiklik gereksinimini zorlayan olaylar kayıtlanmamış iken, elimizde-avucumuzdakiyle şimdilik mutlu iken, lüzumsuz yer-zamanda "tedbirleri almadan takımı atağa geçirme" ile, maceralı bir girişimde neyimiz varsa onu da kaybetme tehlikesi yaşayabiliriz.

Örnek olarak evlenmeyi gözden geçirelim:

Evliliğin, toplumsal, kültürel, bedensel, ekonomik, antropolojik, psikolojik, geleneksel, dinsel ve daha birçok disiplince tarif edilmiş karakterleri bulunmaktadır. Bununla birlikte, "sosyo-kültürel" boyut, evlenecek durumda olanın "etrafı" ve beklentileri, hemen her zaman yerinde saymıştır. Erkeğin de kadının da, bir zaman geldiğinde evlenmeleri etraflarınca bir "beklenti" ola-gelmiştir.

Yazarın gençliğinde, daha askerliğini yapmamış olan gence kız sözlemezlerdi bile! İşini tutmamış olana da kız verilmezdi! İşini tutan damat adayı da, tuttuğu iş derecesinde değerlendirilerek kız "teslim edilirdi!" O zamanlar, hele kız verilmediğinde "kaçma" da, alternatiflerden bile sayılmamakta idi!

Görüldüğü üzere, evliliğin yukarda listelediğimiz karakterlerinden olan geleneksel etkenler o devrelerde ağır basmaktaydı.

Kıssadan hisse:

Bir genç düşünelim:

Önce askerliğini yapacak (Günümüzde değişen kurallarca, parayı bastırdığında yapmayabilir ama iyi bir işin-gücü olmasının beklentisi hala yürürlüktedir!) . . . Toplumca onaylanmış bir işi olacak . . . Ondan sonra da evlenecek! "Aşırı savunmada" olduğunu düşleyelim . . . Diyelim ki, askerliğini yaptı . . . İşi-gücü de var . . . ama . . . evlenmiyor! Sebebi çok olabilir . . . Etrafı kıpırdanmaya başlıyor . . ." Müzmin, kronik bekâr" olarak yaşamasını ailesi, akrabaları ve komşuları doğru bulmuyorlar . . ." Başının bağlanması" gerektiği düşünülmeye başlanıyor . . . Hatta bazıları, eşcinsel olup-olamayacağını bile akıllarına getiriyorlar!

Her baskıya rağmen "takım, aşırı savunma taktiğinde!"

Bir de tersi: Çocuk, askerliğini yapmamış, bir işi-gücü yok ve tabii ki, sevdiği kızla evlenmesine de müsaade edilmiyor! Ne yapıyor? Kızla birlikte "kaçıyorlar!"

Buyurun bakalım, bu sefer de, "takım, aşırı hücum taktiğinde!"

Şimdi, üçüncü bir kişi düşünelim: Askerliğini yapmış . . . Lise-yüksek eğitimdeki ilerlemesine paralel olarak, herkesin eline-avcuna bakmadan geçinebilecek bir işi de var . . . Evlenmeyi reddetmekte değil ama evliliği, kendi seçtiği bir kızla yapma planlamasında . . . Evleneceği hanımın da sözlü-nişanlı devresinden geçerken kendisini sevmesini bekliyor, çöpçatanlıkla evliliği kabul etmiyor . . . Ailesi ve efrâdı ile oturup-konuşuyor . . . Plânlamasını anlatıyor . . . İşini geliştirip ilerletirken, bir yandan da kendisine iyi bir eş olacak hanım ararken, kendisinin de ona iyi bir eş olması beklentisinde yaşamını sürdürüyor . . .

İşte girişimi ve tedbir almayı dengeleyen biri . . .

ORTA SAHA

DENGELİ KARARLARIMIZIN YERİ

Pluskal—Popluhar—Masopust . . .

Yukardaki üç ismi bu günün futbolseverleri arasında anımsayan zor çıkacaktır!

Yazarın yaşında bulunanlar, atmışlarının kışında, yetmişlerinin baharında olan futbol hastaları ise kolayca hatırlayacaklardır:

Bundan 40-45 sene önceki Çekoslovak Milli Takımının orta saha oyuncuları . . .

Eleştiricilerce dünyanın gelmiş-geçmiş en iyi orta sahası olarak bellediği, senelerce yan-yana top koşturmuş olan üçlü . . .

Bu yaştakilere, ". . . e, canım . . . sanki bizde, orta sahada meşhur olan bir üçlü yok mu idi?" diye sorulduğunda da cevap hazırdır:

Bundan 50-55 sene öncesi Beşiktaş Takımının Eşref—Ali İhsan—Nusret ortası . . . Onlar da senelerce beraber orta sahanın ne kadar önemli olduğunu futbolseverlere kanıtlamışlardır.

Dolayısı ile, daha "pres" yapma, rakibi oynatmama, herkesin her yere yetişmesi prensipleri üzerine kurulan futbol ekolü 1970'lerde formüle edilmeden çok önce bu üçlüler, klasik futbol anlayışında bile orta sahanın oyundaki değerini sergilemişlerdir.

Orta saha oyuncuları, duruma göre hem hücuma katılıp, arkadaşlarına "öldürücü" pasları verme ile—zaman zaman da kendileri gol skorlamayı denemede şutlamakla—, hem de gerideki savunma sıkıştığında, geriye gelip, oyunu ceza sahasının dışına taşıma ile görevlendirilmişlerdir. Bu günün 4-2-4 ve 4-3-3 sistemlerinde, hele değişik oyuncuların takıma gelip-gitmelerinde, bir görünüp, bir kaybolmalarında, takımda yer almalarında bir devamın görülmediği zamanımızda, "orta sahada devamlı oynayarak yer yapan" üçlüyü bir tarafa bırakalım, bâzen bir orta saha oyuncusunu bile üst-üste üç maçta devamlı görmemekteyiz!

Dolayısı ile, "orta saha" bilhassa "modern futbol" da, klasik versiyonundan daha da büyük önem kazanmışken, devamlı oynayan, birbirleriyle anlaşan "üçlü" ler, maalesef artık tarihe karışmış bulunmaktadırlar.

Orta saha oyuncularını bulmak çok zordur çünkü bu mevkii, hem hücum ve savunmada neyi, nasıl ve nerede yapmayı gerektiğinin, belki de saniyeden bile az bir zamanda, karara varılmasının gerektiği bir pozisyondur. Maalesef, son senelerdeki futbol anlayışında, idâreci ve antrenörlerin, "kaleci," "savunma" ve "forvet" oyuncuları üzerinde durdukları, bütün alım-satım-transferlerini bu felsefeyle gerçekleştirdikleri izlenmektedir. Öyle ya, mâdem, herkesin her yerde oynaması gereken, pres yapan bir futbol anlayışı bulunmaktadır, o zaman niye orta saha "uzmanları" na gereksinim duyulsun ki?

Lig maçlarında, orta sahayı kontrol edemeyen takımların çok zaman mağlup oldukları devamlı bir şekilde izlenmesine rağmen, bazen futbol eleştiricilerince bile, orta sahada uzmanlaşmış oyuncu gereksinimi gündeme getirilmemektedir!

Bu gün, orta saha oyuncusu olarak oynatılan futbolcuların bir değil, iki değil, birçok yeteneklerini akıl-ruh-beden üçgeni içinde bulundurmaları beklenir. Belki de bu yüzden, "birçok yeteneklere sahip olan" futbolcular çok ender bulunduklarından, böyle bir uzmanlıktan, devrimizde "vaz geçilmiştir!"

Bir orta saha oyuncusu, topu ilerde sağa mı, sola mı açacağı, açacak ise kime doğru göndereceği, kendisi ilerleyecek ise ne zaman şutlayacağı ve ne zaman, kime, nerede ve nasıl pas atacağını, savunmada da, kopup-gelen karşı takım oyuncularının hangisinin daha tehlikeli olabileceğine karar vererek yer doldurma, yer tutma, yer değiştirme kararını hem de göz açıp-kapayacak zamanda vermeye şartlanması gerekmektedir.

Bir savunma oyuncusunun ve bu arada kalecinin, bir forvet, ileri oyuncusunun görevlerini yerine getirmede fazla alternatifleri bulunmamaktadır. Vazifeleri, dar bir açıda formüllenmiş, "ya yaparsın, ya yapmazsın" beklentisine takılı-gelmiştir. İlerdekiler "vurucu" ve geridekiler de "tutucu" olarak yeteneklerini—ve de yeteneksizliklerini—dar bir açıda sunmaktadırlar.

Orta saha oyuncusu ise daha top ayağına gelmeden "neyi ne yapacağına" karar verme baskısındadır. Günümüzdeki futbol anlayışında, topun ayakta fazla tutulmamasının gereksinimi boyutunda, "al-ver" akımını hemen başlatabilecek durumda "âcil" karar alma-verme durumundadır.

Bunu da, dengeli karar terâzisinde tartacaktır.

Futbolda, tabii ki, iç güdünün de faydalı olduğu çok zaman bulunmaktadır. Mamafih, orta saha oyuncusu, iç güdüsünden daha çok deneyimleri ve birikimleri silsilesinde çabuk elden kararını verecektir ve bu verdiği karar, ya ilerde takımının diğer arkadaşlarınca gol kaydetmesine-kaybetmesine, ya da geride, karşıdan sökün eden rakip takım oyuncularının gole ulaşmasına-ulaşamamasına götürecektir.

Peki, "dengeli karar" nedir?

Bundan önceki notlarda "düşünce" ve "karar" ın, inanç ve duygu'dan ayrı olarak nasıl oluştuğuna ilişkin yorumlar sunulmuştur.

Peki, bu 5 "K" dan oluşan karar oluşum silsilesi kantiteyi vurguluyor ise, alınacak-verilecek kararın kalitesini ne belirlemektedir?

Algoritm!

Modern futbol ekolüne gönül vermiş olan bir antrenör, yalnız orta sahaya yetenekli futbolcu sürerek, oyunun bir nehir gibi akımını tabii ki bekleyemez—nehir akımları bile yağışa, kuraklığa, vs. ye göre değişebilir—.

Peki, ne yapacaktır?

Oyunun her dakikasında, orta sahanın kontrolünü, gereksinim düzeyinde ileri-geri hareket ettirecektir!

Orta "üçlü"—bu günkü futbol anlayışında daha çok, orta "ikili"—duruma göre ya hücumdaki arkadaşlarını besleyecekler, kaçıracaklar ve sonuca giden hareketlerine yardımcı olacaklardır ya da karşı takımın baskısından bunalan savunmanın yardımına gelerek, baskıyı kendi "18" inin içinden çıkarmada, topu daha az tehlikeli bölgelere taşımada görevlendirileceklerdir.

İşin daha zoru, hem ileri ve hem de geri hareketleri, eskilerin deyimiyle, "bir dinamo gibi" devamlı yapmaları beklenebilecektir!

Dolayısı ile orta saha oyuncuları futbolun
"sessiz" bazen de "görünmeyen" kahramanlarıdır. Maçlarda hep izlemekteyiz, orta saha oyuncusu, karşı 3 oyuncuya rağmen, ileriye koşan arkadaşına aralarından tereyağdan kıl çekme örneği, enfes bir pas uzatır, belki de böyle bir pas senelerce izlenmemiştir. Gelin-görün ki, 6 pas içinde topu alan arkadaşı, topu vole ile ağlara takar ve ondan sonra kendini kaybeder, bir koşma-koşturmaya girer, çok zaman maymunları taklit ederek göğsünü yumruklar, kale arkası seyircisine koşar, onlarla haşır-neşir olur, bağırır, çağırır, ve hattâ yasak olmasına rağmen gömleğini çıkarır, kaynana zırıltısı gibi havada rotasyona sokar, kurallara uymadığından lüzumsuz bir de Sarı Kart alır, bütün arkadaşları sevinçle üzerine üşüşürler, "bebek sallama" dan, balıklama çimene atlama-kaymaya kadar bir sürü kutlama merâsimi yapılır.

Hiç dikkat ettiniz mi, bu skoru kaydeden oyuncu, kaç kere, aldığı nefis pas için pası veren arkadaşına koşmuş, onu tebrik-teşekküre doyurmuştur?

Aksine, o pası veren oyuncunun, skor yapan arkadaşına koşarak geldiğini ve kutlamaya katıldığını izleriz!

Bu olayın yaşamımızdaki yansıması, sonucu hazırlama ile sonuç alma arasındaki değer farklılığına dikkat etmememizdir.

Örneğin, işçiler çalışır ve hazırlar, patron kutlanır . . .

Bir bilimsel araştırmada asistanlar çalışır ve hazırlar, profesör kutlanır . . .

Ailede bir üye çalışır ve hazırlar, "evin reisi" kutlanır . . .

Askerde bütün birlik görevlileri çalışır,
komutan kutlanır . . .

"Peki, biraz evvel algoritm'den bahsettin, ona ne oldu?" diyeceksiniz . . .

Sonuç getirecek olayın hazırlanmasında karar verilmeden evvel, ". . . şöyle yaparsam, avantajı şudur, dezavantajı budur . . . böyle yaparsam, faydası budur, zararı şudur . . . hangisinin çalışacak, hangisi çalışmayacaktır? Peki, önceki şıkkı yapayım . . . şimdi . . . ikinci safhada da böyle yaparsam . . . şöyle yaparsam" şeklinde kurduğumuz bir muhakeme silsilesi "algoritm" prensiplerini yansıtmaktadır. Diğer bir deyişle, duygu ve inançtan uzak, tamamen lojik, mantıksal ve realite içinde, adeta bir bilgi-sayar çalışımı örneği, verilmekte olan bir kararın kantite-kalite yönünden fayda ve zararlarını çabuk ve pratik yönden inceleme-incelenme metodudur.

Orta saha oyuncuları bu algoritmi devamlı olarak belleklerinde çalıştırma zorundadırlar. Orta sahada topu kapan bir oyuncunun seçimi çoktur. Mesele, bu seçimde, takım için en yararlı harekette bulunmasında algoritm yardımcı olacaktır.

Şimdi . . .

Gelelim, bu sahadaki işlevlerden, yaşamımızdaki olaylara paraleller çekmeye:

Düşüncelerimizi çok zaman bir bilgi-sayar kuruluğunda yürütmememizin yanında, kararlarımızı da duygu ve inançlarımızdan uzak almayız, daha doğrusu alamayız. Bilhassa kültürümüzün duygusal ve inançsal temellerine oturtulmuş bir düşünce ve karar verme felsefesinde, serbest bir algoritm kullanımına da pek rastlamamaktayız.

Birinin tutum ve/veya davranışlarına veya bir duruma karşı oluşan duygusal tepkilerimizde, "Mahşerin Dört Duygusu"nu harekete geçiririz: Korku, Kaygı, Öfke ve/veyâ Üzüntü . . .

Yine birinin tutum ve/veya davranışlarına veya bir duruma karşı oluşan inançsal tepkilerimizde ise "Mahşerin Dört Yargısı"nı aktive ederiz:
Yıkıcı—Yapıcı Eleştirme olumludur ve gerekmektedir—Eleştirme, Utandırma, Suçlama ve Cezalandırma . . .

Bu iki çift "chariot" dört atlının yarışımında, önceden bahsi geçen 5 "K" devresini gözden geçirerek düşünce üretmenin ve algoritmi kullanarak karara varmanın ne kadar zor olduğu ortadadır.

Bunun içindir ki, 1960'ların sonlarında ve 1970'lerin başlarında Beck tarafından sunulan Bilişsel-Davranışçı yaklaşım kısa bir şekilde popüler olmuş, herkes, kararlarını duygu fırtınasından ve inanç ateşinden uzak olarak vermeyi öğrenmeye başlamıştır. Oksidental kültürün merkezi Avrupa, bu duygulara sahne olan inanç kavgalarını, savaşlarını ve sürtüşmeleri asırlar önce nötralize edebildiğinden, "Batı" Avrupa ve yeni medeniyet yerleşim yerleri olan Amerika Birleşik Devletleri, Kanada, Avustralya gibi ülkelerde günümüzde yürürlüktedir.

İki Amerikalı avukat, mahkeme esnasında birbirlerine olmayacak şeyler söylerler ama mahkeme sonrası beraberce bir bara içmeye giderler . . .

İki Amerikalı futbol oyuncusunun, saha içinde birbirlerine yapmadıkları kalmaz, ama maç bittikten sonra ailece hep beraber yemeğe çıkarlar . . .

İki Amerikalı doktor konferansta birbirlerinin tedavi yaklaşımlarını acımasızca eleştirirler
ama konferanstan sonra beraberce başka bir
konferansa katılmak üzere güle-oynaya oradan uzaklaşırlar . . .

İlişki ve iletişimlerinde inançlarını, kişiliklerini, dinlerini, duygularını, özel yaşamlarını eleştirmeden, incitmeden, yalnız düşüncelerini gündeme getirerek, karşılarındakilerin, 5 "K" silsilesindeki eksikliklerini sergilemek-sergiletmek isterler. Bu şekilde birbirlerine şahsî düzeyde alınmadıkları-darılmadıkları için de, konu dışında, hiç birşey olmamış gibi davranmada samimîdirler.

İnançlarını sorgulatmayan ve aşırı duygulu bulunan kültürümüzde bunu yürütmek daha da zordur. Bununla beraber, daha evvelce de sunulduğu üzere, etrafımızdaki olay ve kişileri değiştirebilirsek, değiştirmede gereken cesâreti göstermemiz, eğer değiştiremeyecek isek, kabul etmemiz—bu arada, neyi değiştirebileceğimiz ile değiştiremeyeceğimizi deneyim ve birikimlerimizde yansıyan vizyonumuzu algılamamız önemlidir—ve tutum ve davranışlarımızı, prensiplerimizden ödün vermeden değiştirme yollarını arayıp bulma ve algoritmiyle en yararlı seçimi yapmada kararlanmamız gerekmektedir.

Yine sahaya doğru geri bir paralel çekmemizde, kararlarımızı düşüncemizin ürünleri olarak vermemizde gerek hücumda gol kaydetmeye, gerek te savunmada da olası golleri savuşturmaya yönelik hazırlıkta bulunmamız bizi sahadan iyi bir sonuçla çıkaracaktır.

Kıssadan hisseler:

İnanç vu duyguları düşünce ve kararlarımıza karıştırmayalım . . .

Faydalı sonuçlara yönelmede bir hazırlık
safhası tanıyalım . . .

Bu safhada kişileri ve olayları 5 "K" devresinde düşünce silsilesinde gözden geçirelim . . .

Düşüncelerimizin bize sağladığı bütün seçimleri gündemde inceleyelim . . .

Bu seçimlerin algoritmasını kuralım . . .

Alınacak her kararın fayda ve zararlarını listeleyelim . . .

Eğer elimizdeki-avcumuzdakini muhafaza etmek istiyorsak, savunmada isek, kararlarımızı tedbir alma boyutuna yöneltelim . . .

Eğer elimiz-avcumuzdakini muhafaza etme garantisinde, daha "iyi-güzel-doğru" ya akımlı bir fırsatı kullanma yolunda isek, hücum oynuyorsak, kararlarımızı girişim yürütme boyutuna yöneltelim . . .

Girişim ve tedbirlerimizi dengeleyelim . . .

Girişimsiz tedbirler, yaşamda gelişme, ilerleme olasalığı tanımazken, tedbirsiz girişimler de elimizdeki-avcumuzdakini götürebilir . . .

Uzatmalar dâhil, bir maç 90 artı dakikada oynanmaktadır. Yaşamımızdaki her girişimi ve tedbiri bir maç boyu olarak kabul edip, bu dengelemeye bir yer ve zaman tanıyalım. Verilen konu ile ilgili girişim ve tedbir yürürlüğünü zamanı geldiğinde sonlandırarak, bundan sonraki verilen konumdaki olay ve kişiler için "yeni bir maç" a hazırlıkta bulunalım . . .

Orta sahayı unutmayalım . . .

PASLAŞMA

İLETİŞİM, İLİŞKİ VE ÇELİŞKİ

İletişim, genelde yaratılanların, özelde de insanların birbirleri ve diğerleriyle olan yaşamlarındaki temasta bulunma, konuşma, önerileme, dertleşme, idâre gösterme, etkileme-tepkileme ve diğer değişik alanlardaki gereksinimlerini karşılamak için geliştirilmiş bir yetenektir. Kişinin kendisiyle olan ilişkisine "intrapersonal," başkaları ile olan ilişkisine de "interpersonal" başlıkları verilmektedir.

Bu yetenek, hem doğuştan bulunmaktadır ve hem de sonradan ilerletilebilmektedir. Sıradan olabileceği gibi, kişice bir "iletişimde sanat" boyutuna bile yüceltilebilir.

Futbol'daki iletişimi, çok zaman "paslaşma" olarak izleriz. Her takım oyunundaki gibi, futbolda da paslaşma, takımın başarısında veya başarısızlığında önemli bir etkendir. Buna rağmen, değeri, maçın akımı esnâsında çok defâ izleyicilerce de algılanılmamaktadır.

Hiç, oyun esnâsında, etrâfınızdaki seyircilerden, ". . . ya, bu gün, ne güzel paslaşmaktayız . . . maçı rahat alırız . . ." veya ". . . yok, yok, bu paslaşma ile biz bu gün bu maçı alamayız! . . ." gibisinden izleyici değerlendirmeleri duydunuz mu?

Çok zaman olan, belki bir oyuncunun bir değil, iki değil, üç değil, pas atması-alması devamlı olarak teklediğinden, belli bir zaman sonra antrenörün gözüne batabilir ve çok zaman da oyundan bile alınabilir!

Dikkat edelim, bu çok zaman oyundan alınan futbolcular, genelde "iyi paslaşamamaları"nın, özelde de görevlerinde yeteneksiz kalmaları ile yedekler kulübesini de devamlı boylayabilmektedirler!

Paslaşma denince, yazar bir maç anımsamaktadır:

Türkiye I.Ligi, 1963-64 sezonu idi . . .

Adnan Süvari'nin antrenörlüğünü yaptığı Göztepe ilk defa I. Ligte top koşturmaktaydı . . .

İstanbulda, Mayıs ayının başında, o sezonda şampiyon olacak Fenerbahçe, İzmir'de birinci devre 1-1 berabere kaldığı rakibiyle revanş maçına çıkıyordu . . .

Lefterli, Şerefli, Şenollu, Birollu, Selimli, Ogünlü, Nedimli, Osmanlı . . . Yazarın âşık olduğu Büyük Fenerbahçe . . .

İstanbuldaki Fenerbahçe seyircisi Göztepe'yi ilk defa izlemekteydi . . .

Ertanlı, Nihatlı, Gürselli, Fevzili Göztepe . . .

Maç, güzel olmuş, Fenerbahçenin 3-2 galibiyetiyle bitmişti . . . ama . . .

. . . seyircinin hayret ve takdirle ağızlarını açık bırakan, Fenerbahçe'nin galibiyeti değil, Göztepe'nin, o zamana kadar sahalarımızda görülmemiş derecede gelişmiş paslaşma başarısı, tekniği, zerâfeti ve dinamiğiyle oyununu süslemesiydi . . .

Günümüzdeki "yenelim de, nasıl olursa olsun" felsefesindeki izleyicilerin aksine, o devrin futbol seyircileri neticeye olduğu kadar, oyun güzelliğine de baktığından, Göztepe'ye alkış bile tutmuşlardı!

Hiç unutmam, rahmetli babam, oyunu, ". . . yahu, bu takım . . . futbol oynuyor . . ." diye özetlemişti!

Bu aynı Göztepe, iki defa Türkiye Kupası şampiyonu olacak, "Üç Büyükleri" Trabzonspor'dan çok önce senelerce "Dördüncü Büyük" olarak izleyecek, Cumhurbaşkanlığı Kupasını Anadolu'ya götüren ilk "Anadolu" takımı şerefini yüklenecek ve bir de Avrupa Kupasında, o zamanlarda ancak rüyâlarımızda gördüğümüz, yarı-finale kadar da yükselecekti . . .

Tabii, Göztepe'nin, bu 8-9 sene devamlı sürecek başarısında taktikte ve stratejideki yetenekleri sayılmayacak kadar çoktu ama "paslaşma" daki variyasyonlarının, başarılarına olan etkisinde herkes hemfikirdi . . .

Sahadaki paslaşmanın başarılı olup-olmadığında üç etken izlemekteyiz:

I—Pası verenin yeteneği

II—Pası alanın yeteneği ve

III—Pası veren ile alan arasında etken olabilecek diğer durumlar—rakip oyuncunun yeteneği, şiddetli yağmur, seyirci curcunası, vs.

Futbolun izlenmesi esnasında en çok göze çarpan, pası atan oyuncudur. Ya "tereyağından kıl çeker gibi" attığı paslar, "No man's land—Kimsenin olmadığı" taraflara uzattığı topların arkadaşlarınca kapılması ile takdîr kazandığı gibi, topu arkadaşı yerine, rakip oyuncuya göndermesi de, ". . . nereye be kardeşim, nereye?" şeklindeki söyleşmelerle eleştirilir!

Pası alma da, aslında pası verme kadar yetenek isteyen bir iştir ama pası alanı, seyirci çok zaman hesaba katmaz, halâ vereni takdir-tekdir söyleşisindedir. Bin dokuz yüz ellilerdeki efsânevî Macar Millî Takımının Kaptanı ve ileri oyuncusu Puşkaş'ın, sağ arkadan atılan bir pası koşarken top üzerinden geçtikten sonra, sol ayağı üzerinde havada durdurması, tartması, yere indirmesi ve şutlamasını bir daha gösterebilen bir oyuncu çıkmamıştır.Tabii, herkes bir "Puşkaş" olamaz ama pası almada yetenek sâhibi olmayan bir oyuncu, diğer yeteneklerini tehlikeye atıyor demektir.

Pas verme-alma hareketlerinde başarıya götüren diğer bir etken de, iki oyuncu arasındaki "ilişki" nin uzun zaman beraberce oynama sonucu gelişmiş bulunmasıdır. Oyuncuların, aynı takımda senelerce berâber oynamalarının izlendiği 1970'ler evvelindeki futbol panaromalarında çok zaman pas verme-almaların başarı ile yürütüldüğü izlenmiştir. O zamanlar, topu kaybetmenin büyük bir "ayıp" olduğu devirlerdi. Bir maçta, Can'ın, verdiği topuk pasını Şeref'in de, Ogün'ün de anlayamamalarına, akımın da rakip oyuncularca kesildiğine bu şöhretli futbolcu çok kızmış, ". . . ya . . . yâni trene bakar gibi bakıyorsunuz ha! . . ." diye öfkesini haykırmıştı. Can, senelerdir beraber oynadığı ve çok sevdiği arkadaşlarının kendisini iyi tanımalarını, ne zaman, nerede, nasıl ve ne şekilde pas atacağını da artık bilmeleri gerektiğini sergiliyordu . . .

Her oyuncunun, her sene başka bir takımda oynadığı, stillerinin bilinmediği yabancı futbolcuların hemen sahada yer aldığı, devamlı presin yapıldığı devrimizde ise, pas verme-alma, futbolcular arasındaki "ilişki" yi oluşturmadan, gelişmeden-geliştirmeden, tamâmen kuru bir "iletişim" dinamizmi etkisinde bırakmıştır.

Şimdi . . .

Hadi yine geçelim yaşam paralellerine:

Yaşamdaki en önemli işlevlerimizden biri "iletişim" dir. İletişim sâyesinde başkalarına kendimizi anlatabiliriz, başkalarını anlayabiliriz, güleriz-güldürürüz, ağlarız-ağlatırız, ama işte olsun, ama evde, ama oyunda olsun, ama çalışmada, kendimizin ve/veyâ başkalarının ihtiyaçlarını karşılamada, merâmımızı anlatmada, iletişimsiz bir başarı sağlamamızın olasalığı bulunmamaktadır.

İletişim illâ ki "sözsel" de olmaz . . . Bazan çok genel bedensel dil aracılığı ile, bâzan çok özel cinsel yaklaşımda, bâzan da tutum ve davranışlarımızla belirtiğimiz, gösterdiğimiz ve sergilediğimiz şekilde izlenilen bir formattır.

"Pas verme" de, bir kişi, diğerine aklındakini belirtir. "Pas alma" da da, bu ikinci birey, kendisine sergilenen iletişimi değerlendirir. Gerekiyor ise, o da, fikrini birinci şahısa yanıtlar.

Burada herkesin hemfikir olduğu bir durum vardır:

"Ne anlatılan değil, ne anlanılan" önemlidir.

Pası alacak olanın, pasın atıldığı yerlemeyi ve zamanlamayı değerlendirmedeki beklentisi örneği, kendisine yansıtılanı anlama yeteneği çok önemlidir. Hele, her ikisi arasında bir "ilişki" de oluşmuşsa, iletişimin gönderiminde de, alınımında da konunun saptırılma olasalığı çok azalır ve iki ünite de iletişimlerinde başarılı olurlar.

İletişimin başarılı olmadığı, ilişkinin, "çelişki" ye dönüştüğü durumlarda ise, yukarda bahsedilen üçüncü etken, "iki kişi arasındaki konum düzeyindeki farklı algılamalardır. Futbol paralelinde, rakip oyuncu, hava şartları-yağmur, seyirci etkinliği gibi karşılıkları olan bu düzey farklılıkları, yaşamımızda, "duygusal," "düşüncesel" ve "inançsal" olarak, âdeta üç ayrı frekans üzerinden yayın yapma olarak düşünülebilir.

Bir kişi, korkunun, hüzünün, kaygının veya öfkenin verdiği atmosferde, iletişimini, "duygusal" olarak uygularken, karşısındaki, bu duygulardan uzak olarak realite düzeyindeki "düşüncesel," tamâmen bilgi-sayar işlem ve işlevinde değerlendirirse, iletişimi almayacak ve konu saptırılacaktır!

Bir kişi, "düşüncesel" olarak, bir bilgi-sayar mantığındaki iletişimini, karşısındaki, "inançsal," yargılama ile eleştirileme boyutundaki birine göndermeye kalktığında, o da iletişimi almayacak ve konu saptırılacaktır.

Bir kişi, gelenek-görenek uygulayan "inançsal" yargılanmış iletişimini, "duygusal" atmosferde işlem ve işlev görmekte olan ötekine aktarmak istediğinde, bu şahıs ta iletişimi almayacak ve konu yine saptırılacaktır.

Dolayısı ile, iletişimi başlatan ve alan, sonra da karşılıklı devam edilen alım-verimde, herşeyden evvel, "duygusal" ve "inançsal" boyutların iletişimden arınması gerekmektedir.

Peki, her iki düşüncesel iletişim başarılı bir sonuç mu getirecektir?

Tabii ki, hayır . . . Maalesef çok zaman, iletişimin sağlığı ile iletişim sonucunu birbirine karıştırırız. Çoklarınca, "sağlıklı iletişim," olumlu ve yapıcı sonuç getirendir!

Yanlış!

Yine futbola dönelim:

Bir orta saha oyuncusu, ilerde kaçan arkadaşına çok güzel bir pas atar . . . Arkadaşı, yine aynı güzellikte topu kapar ve karşı kaleye akar . . . Attığı gollük şutu, kaleci, inanılmayacak bir yetenekle kornere atmayı başarır!

Şimdi bu bir "olumlu" sonuç mudur?

Hayır ama . . . iletişim mükemmel olmuştur!

Bunun yaşamımızdaki karşılığı şudur:

Duygu ve inançtan uzak fikirlerimizi tartıştığımızda birbirimizi anlamamız önemlidir. Yoksa, fikir ayrılığı normaldir ve bâzı durumlarda olmalıdır da . . .

Amerikalılar, bu fenomene, "Agree to disagree" yâni, "Anlaşamama üzerine anlaşma" derler.

Kıssadan hisse:

Olumlu ve yapıcı ilişkilerin, iletişime yararı vardır . . .

İletişimde, endîşe, hüzün, öfke ve korku duygusal etkenlerinin farkında olmamız gerekir . . .

İletişimde, dinsel, milletsel, etniksel, geleneksel yargılamanın inançsal etkenlerini hesaba katmamız gerekir . . .

Bilgi-sayardan, bilgi-sayara örneği düşüncesel iletişimde de olumlu sonuca gidemeyebiliriz ama iletişimimiz sağlıklı olur, herkes birbirini anlar . . . Birbirimizi anlayabilmek te günlük yaşamımızdaki en önemli yeteneklerimizdendir . . .

TAKIM KAPTANI

LİDER Mİ, GİDER Mİ?

Herhangi bir futbolsevere soralım:

Takım Kaptanı ne yapar?

Yabii, yine bir istatistiğe gereksinim duyulur ama yine de burada sorulmaktadır . . .

Aslında, "koyu şu takım" taraftarı diyebileceğimiz izleyiciler bile buna cevap veremeyebilirler!

Devrimizde, Takım Kaptanlığı, "koluna bir bant takmadan başka birşey değildir" desem, acaba haksızlık mı etmiş olurum?

Tarafsız olarak bir maç izlemekteyiz . . .

Her iki takımın kaptanlarına dikkat edin . . .

Oyun başlarken, hakemlerle karşı-karşıya, "kale seçmede" ve "oyuna ilk kim başlayacak" ta bir araya gelmelerinin dışında, bu iki oyuncuyu, diğer futbolcuların üstünde, hangi işlem ve işlevlerde görmekteyiz?

Diğer 10 kişiden farkları nedir?

Gelin, yazarın daha 1950'lerde, ortaokul sıralarında başlayan futbol aşkı devrelerinde, Takım Kaptan'ından beklenenleri sıralayalım:

1) Antrenör ile takım arkadaşları arasında, bütün maç boyunca bir iletişim aracıdır. Teknik Direktör, zaman zaman takım kaptanını yanına çağırarak

sahada yapılması gerekenlerin uygulanmasında direktiflerini verir. Kaptan da, bu şekilde antrenörün, saha içindeki "uygulamanı" olur . . .

2) Herhangi bir oyuncunun hakemle olan ilişkisinde arada "tercümanlık" yapar . . . Arkadaşının dolaysız olarak hakeme söyleyeceklerini "Lisan-ü Hâl" ile kendisi bildirir . . .

3) Hakem kararlarına karşı gelen arkadaşlarının hakeme yönelmesini önler, hepsinin bir temsilcisi olarak hakeme yaklaşır ve merâmını dile getirir . . .

4) Oyun esnâsında, takım arkadaşları arasındaki söz düellolarına müsaade etmez . . . Bir oyuncuyu yeteneksizlikle suçlayan diğer oyuncuyu hemen susturur . . . Burada gerek var ise, kendisi, o oyuncuya yapıcı önerilerde bulunur . . .

5) Serbest vuruş, korner ve penaltı atışlarında gerekiyor ise, son seçim ve rötüşleri yapmakla görevlidir . . .

6) Seyircilerle olan ilişkilerde, kendisi tribünlere giderek, seyirci sözcüleriyle iletişim kurar . . .

7) Takımı başında sahaya ilk çıkan olduğu gibi, sahadan da ayrılmada, soyunma odasına en son gidendir . . .

8) . . . ve belki de en önemli işlevi, takım arkadaşlarına, antrenöre, idârecilere, seyircilere, medyaya ve topluma örnek olarak bir lider pozisyonunda, futboldaki tekniğini konuştururken, saha içinde sportmenliği, saha dışında da efendiliğiyle herkesi "inspire etmesi—umutlandırması, rol modelliği yapması" dır . . .

Zamanımızda bütün bunları yapan bir Takım Kaptanı bilmekte miyiz?

Eskiden, bundan 40-45 sene önceki futbol dünyâsında, Takım Kaptanı olmak, büyük bir şeref olduğu kadar büyük de bir mesuliyet taşımaktaydı . . .

Takım kaptanlığı için futbolcuların oyunlarında, sportmenliklerinde, tarafsız tutum ve davranışlarında rekâbete giriştikleri bile izlenirdi . . .

Şimdiki gibi, yalnız "takımda en eski futbolcu olması" yetmezdi . . .

Hele zamanımızda, yabancı bir oyuncunun, hemen transfer edildiği gün, takımın başında ilk maçına, sahaya Takım Kaptanı olarak çıkması duyulmamış-görülmemiş birşeydi.

Takım Kaptanı bir liderin en iyi karakterlerini yansıtan, zaman zaman da, oyuncuların, idârecilerden ve antrenörlerden bile daha fazla sevdiği, saydığı ve güvendiği bir kişilikteydi.

Eskiden, bir sakatlık olmadıkça veya hakem tarafından oyundan atılmadıkça, bir Takım Kaptanının antrenörce oyundan alınmasını bu yazar anımsamamaktadır. Bir Takım Kaptanının, yeteneksizliği veya o günkü formsuzluğu yüzünden oyundan alınması gibi bir şey düşünülmezdi çünkü, oyundan alınacak kadar zayıflık gösteren futbolcuya, zaten o gün, işin başından Takım Kaptanlığı verilmezdi. Bu gün ise, bir Takım Kaptanının, teknik direktörce oyundan alınmasını ve futbolcunun da, "kendinden sonra Takım Kaptanlığı yapabilecek arkadaşına" kol bandını şöyle bir atmasını, bu ihtiyâr futbolsever acı ile izlemektedir.

Gelelim, yaşam paralellerimize:

Yaşamımızda bize verilen herhangi bir
"takım" ın kaptanlığını yapıyor muyuz?

Hangi yer ve zamanda bu takım kaptanlığını, liderlik görevini yüklenmekteyiz?

Liderlik görevinin hakkını verebiliyor muyuz?

Liderlik, maalesef, çoklarınca kabul edilen, "Ben ne dersem o olacak . . ." diktatöryası değildir!

Liderlik, etrâfındakilerin yapıcı ve olumlu taraflarının harekete geçirilmesinde, ortaya çıkarılmasında, fırsat yaratma, direktif oluşturma, destek sağlama ve moral vermedir.

Liderlik, etrafındakilerin yanlışlıklarını, eksikliklerini ve hatâlarını, zorunlu kalmadıkça cezâlandırma ile değil, olumlu ve yapıcı eleştirmelerle gündeme getiren, karşısındakilerin iç güvenlerini incitmeden onların izlenen ihmallerinden ders alarak hatâlarını bir daha tekrarlamamalarını öneren bir idâre şeklidir.

Liderlik, etrâfındakilerin başarılarını alkışlayan ve ödüllendiren bir akımdır.

Liderlik aynı zamanda iyi bir izleyiciliği de kapsayabilir. Değişik sebeplerle başkasının liderliği altında, görevini yerine getirmedir.

İkinci Dünya Savaşının en meşhur generallerinden biri olan Patton'un bu konuda ilginç bir deyişi bulunmaktadır: ". . . Ya bana yol göster—lider ol-, ya beni tâkip et—liderliğimi izle,—ikisini de yapamıyorsan . . . yoldan çekil, millete mâni olma!"

Kıssadan hisse: Yaşamımızda ya iyi bir lider, ya da iyi bir izleyici olalım; kararsız bir şekilde ortalıkta dolaşmayalım . . .

KALECİLER

SON SÖZÜ SÖYLEYEN VE SÖYLEYEMEYEN

Dünyanın gelmiş-geçmiş 10 ünlü kalecisi listesinde daima yer alan ve 1966 Dünya Kupası finallerinde İngiltere Milli Takımının kalesini koruyan Gordon Banks'a bir toplantıda, "Maç esnasında ne hissettiği, duyguladığı" sorulmuştu.

O da, "Well . . . 85 minutes boredom and . . . 5 minutes sheer terror!" yani, ". . . 85 dakika sıkıntı ve . . . 5 dakika su katılmamış dehşet!" diye cevaplandırmıştı!

Ne kadar doğru . . .

Bilhassa bu günün, "Pres yaparak karşı takımı oynatmamanın" öncelik kazandığı futbol anlayışında, her topu kapanın, kaleciyle karşı-karşıya kaldığı oyunlar artık geçmişte kalmış görünmekte . . .

Dolayısı ile, kaleciler, oyunun büyük bir kısmını, kalelerinde "sıkılarak" geçirmekteler . . .

Mamafih, bir kere de rakip oyuncularla karşı-karşıya kaldıklarında topun ağlarla buluşmasına engel olamama dehşetini halâ yaşayabilmekteler . . .

Kalecilerin belki de en büyük dezavantajları, yaptıkları, yapacakları, yapabilecekleri hataların telâfisi, yani düzeltilmesinin bulunmadığıdır!

Bir forvet, karşı kaleye yaptığı akınlarda şutlarının devamlı olarak avuta gittiğini, çok zaman kaleyi bile tutmadığını görürse de, hemen oyuna dönme ve yeni hücumda yer alma yönünde kaçırdıklarının üstünde durmayabilir. Maçı izleyenler de, belki hafif bir kafa sallamanın dışında bu gollerin kaçırılmasındaki hatâları kayıtlamazlar bile . . .

Durum, tabii, kalecilerde değişiktir. Kalecinin hatâ yapması demek, gole sebep olması, müsaade etmesi ile özdeşleştirilir ki, düzeltilmesine olasalık bulunmamaktadır. Bu nedenledir ki, kaleciler, belki de en az koşan, didinen ve yorulan oyuncular olmalarına rağmen, maç boyunca devamlı bir baskı altındadırlar. Santra çizgisinden kopup-gelen bir akında oyunun o birkaç saniyelik değişimini takip etmek, yer tutmak, çıkıp-çıkmamaya karar vermek, arkadaşlarının durumunu izlemek, ve bütün bu odaklanmaya karşı beden boşalması yapmadığından adrenalinin gittikçe artan baskısı ile bunalmak herkesin kolayca baş edebileceği bir durum değildir.

Şimdi . . .

Gollerin yapılış dinamiklerine bakalım:

Kaç gol, karşı kalecinin el veya ayak atışı ile başlatılan bir hücumda, topun önce rakip sahadan santraya, oradan da bu kalecinin sahasına taşınması ve sonunda golün skorlanması ile sonuçlanmıştır?

Tabii, bu yine istatistikleri yansıtabilen bir cevap içermektedir ama bir düşünelim . . .

. . . böyle goller, herkesin de hemfikir olacağı bir şekilde gayet azdır. Yaşlıların, eski futbol anlayışları çerçevesinde, "Üç pas, bir gol" şeklinde, hücum eden takımın kalecilerinden aldıkları topu, aralarında paslaşma ile karşı kale önüne kadar getirip skor yapmalarına bu günlerde pek rastlamıyoruz . . .

Gollerin çoğunluğu, orta saha ve ileri-gerisinde, karşılıklı pres yapma, birbirini oynatmama, oyun kurmaya müsaade etmeme ekolünde, nihayet bir oyuncunun topu kaybetmesi veya kaptırması ile rakip takımca başlatılan, kale önüne taşınan ve bitirilen karakterlere bürünmüştür.

Diğer bir deyişle, "hatâlı" veya "eksik" pres yapma ile kaybedilen top, ağlardan çıkarılabilinmektedir!

Peki, bu durumda, kalecilerin pozisyonu nedir?

İlerdeki bir arkadaşının topu kaybetmesinden kaleci mi sorumludur?

Tabii ki hayır ama . . . bu hatanın günâhını çekebilmektedir!

". . . canım, bizim orta saha oyuncusu filanca da o topu ilerde kaptırmasaydı, öteki takım hücumu başlatamayacak ve kale önüne kadar aktıklarında da skorlayamayacaklardı . . ." gibi izleyici eleştirilerini hiç duydunuz mu?

". . . canım, bu bizim kaleci filanca'nın hatâsı . . . gelen topa şöyle çıksaydı kurtarırdı . . . böyle atlasaydı çıkarırdı . . . kalesini bırakıp çıkması gerekirdi . . . çıktı da sanki iş yaptı, beklesene be kardeşim . . . bizi kaleci yaktı! . . ." gibi eleştirmeleri daha çok duymakta değil miyiz?

Şimdi . . .

Hadi yine yaşama paralellerimize geçelim:

İşimizle, ailemizle ve diğer sirkülerlerimizle ilgili kararlarımızı almada, o devire kadar izlenen etki-tepki geçirimlerimize şöyle bir baktığımızda ne görürüz?

Birçok ufak fakat sık sık deneyimlenecek bir şekilde, gittikçe daha az dayanılabilen, hazmedilebilen bir etkileme yok mudur?

Sahadaki savunma'nın, yaşamımızda sâhip olduklarımızı elimizde tutabilme uğraşılarının, tedbirlerinin alındığı bir ortam ile özdeştirdiğimizde, kaleci, yaşamımızdaki belki de aşırı denecek şekildeki karar vermemizi, takım arkadaşlarının yanlışlarının birikimi de, o karara vardıracak ön etkenleri yansıtmaktadır.

İşimiz diyelim:

Patron ile ilk defa iş konusunda anlaşmazlık sergileniyor—ilerdeki orta saha oyuncusu topu karşı takım futbolcusuna kaptırıyor—her iki taraf ta oturup-konuşmuyor, problemi çözümlemekten kaçınıyorlar—birkaç gün sonra aynı zorluk bir kere daha kendini gösteriyor—karşı takım, paslaşmalar ile kalemize doğru yaklaşmakta—her iki taraf ta kızgın, yine çözümlenme girişimi yapılmıyor—nihayet santraforları topu kalemize şutluyor—bir hafta sonra problemin tekrar gelişmesinde, patronumuz ". . . ya bu deveyi gütmemiz ya da bu diyardan gitmemiz . . ." önerisiyle işimizi kaybedebilme durumuna geldiğimizi uyarıyor—top geliyor, kurtarmak için atlıyoruz, maalesef ağlara gidiyor—işimizi kaybetmemek için ödün veriyoruz—top geliyor, kurtarmak için atlıyoruz, kornere çeliyoruz—nihayet patron ile oturup-konuşmaya karar vererek bu probleme nasıl çözüm getirebileceğimizi tartışmaya başlıyoruz—kaleye gelen şut avuta gidiyor—bizi elden çıkarmak istemeyen patron ödün veriyor ve bizi problemi çözmede tartışmaya çağırıyor . . .

İzlenildiği üzere bu iki paralelde akan karşılaştırmalarda, neye gereksinim duyulmaktadır?

Problemin küçükken, hafifken, başedilebilir kalitede iken çözümü!

İlerde topu rakip oyunculara kaptırmamak . . . işi kaleciye bırakmamak . . .

Yaşamda yaptığımız hatâlara daha küçükken çözüm yolu aramak . . . son dakikada aşırı kararlar alma zorunda kalmamak . . .

Bu "patron-işçi" analojisini kolaylıkla "eğitmen-eğitilen," "öğretmen-öğrenci," karı-koca," "ebeveyn-çocuk" ikilemlerine de uygulayabiliriz.

Kıssadan Hisse:

En iyisi problem yaratmamaktır . . .

Problem, buna rağmen yaratılırsa, vakit geçirmeden ve büyümeden tartışılması, konuşulması, halledilmesi idealdir . . .

Ufak zorlukları çözmede alternatiflerimizin çok olabilmelerine karşı, büyük zorlukları halletmede pek değişik seçim hakkı bulamayabiliriz ve bize aşırı kararlar aldırtacak, sağlıklı olabileceği kadar, sağlıksız da olabilecek sonuçları izleyebiliriz . . .

İnsan doğal olarak "pro-aktif" yâni, daha birşey olmadan, izlenilebilecek zararları önleme çabasında değildir. Çok zaman, ancak bir zarar olduktan sonra ne yapmamız gerektiğini düşünür, yaptığımız da, "aktif-karşı etki" yerine, "reaktif-tepki" şeklinde uygulanır ki, çâre, bazen zararı dokunan olaydan daha fazla problem de yaratabilir!

Yaşamımızda "pro-aktif" olalım, problemleri deneyim-birikimlerimize dayanarak daha oluşmadan çözelim . . .

KALE DİREKLERİ

KİMİNE "AAAHH!" KİMİNE "OOOHH!"

Şöyle bir futbol fantazisi düşünelim:

Top penaltı noktasına konuyor . . .

Kale boş!

Elle bile verilmeyecek güzel pasları atan ve atılmayacak golleri kaydeden, serbest vuruşta yetenekli en seçkin oyunculardan birini atışa çağıralım . . .

Mamafih, topu ağlarla kucaklaştırmasını değil, her atışını direğe nişanlamasını isteyelim!

. . . farketmez . . . üst direk . . . yan direk . . .

Şansını 10 kere deneyeceğini bildirelim!

Oyuncu arka arkaya penaltı noktasından atışı şutlamaya başlasın . . .

Kaç tanesini direğe vurdurabileceğini düşünmekteyiz?

Yazar, böyle bir istatistikten tabii ki haberdar değildir ama bu kadar yetenekli bir oyuncu bile rahat bir şekilde, hiç bir prese uğramadan, düşüne-taşına yaptığı 10 atıştan 10'unu da direklere vurduramamış ise şaşırtıcı olmamalıdır.

Buna rağmen, sıradan bir maçta bile topun birkaç kere direklere vurup yön değiştirdiği ne oyuncularca, ne antrenörlerce ve ne de izleyicilerce şaşırtıcı olmamaktadır.

Nedir bu direklerin gizemi?

Hücumdakilere "Aaahh!" ve savunmadakilere de "Ooohh!" çektiren bir fenomen!

Acaba, oyunun bizlere, "kıssadan hisse" düzeyinde sergilediği bir uyarı mıdır?

Daha da ilerisi, yaşamımıza çekeceğimiz paraleldeki önemi nedir?

Gelin, futbolun efsanelerinden Rus Milli Takımının ve Dinamo Ekibinin senelerce kalesini korumuş olan kaptanı Lev Yaşin'in dekatlarca önce bu konudaki bildirimini gözden geçirelim:

Yaşin, Turgay Şeren'in, 1967 yılında futbolu bırakmasının arkasından düzenlenen ve aralarında dünyaca Nunweiller, Pircalap gibi meşhur futbolcuların da davet edildiği jübilesine mutlulukla katılmış, "Galatasaray Şöhretlere Karşı" şeklinde derlenen oyunda da her iki tarafın kalesini de korumuştu. Maçtan sonraki basın toplantısında bir gazetecinin, ". . . sizce, bir kalecinin sahip olması gereken en önemli yeteneği nedir?" sorusuna karşı bir an düşünmüş, hafifçe gülerek, "Şans!" diye cevaplayınca, herkesi şaşırtmıştı. Yaşin, o günlerin "dört-dörtlük" diyebileceğimiz mükemmelliğe erişmiş bir kalecisiydi ve bir kalecide olması gereken her yeteneği kanıtlamıştı. Köşe atışlarından gelen topları "armut gibi" almasından, penaltı atışlarını kurtarmasına, karşı oyuncularla 18 çizgisinde karşı-karşıya kalıp, topu çelmesinden serbest vuruş şutlamalarını rahatça çıkarmasına kadar "bütün" bir file bekçisiydi. Hele takım kaptanı olarak, önündeki savunma oyuncularını, arkalarından, oyunun gelişmesine göre idare etmesi, o zamana kadar görülmemiş—belki de bir daha da görülmeyecek—bir sergilenmeydi. Diğer bir deyişle, Yaşin, topa ne zaman çıkacağı ve ne zaman yerinde kalıp bekleyeceği üzerine korkunç denebilecek bir iç güdüye sahipti. Kalesi önündeki karambollarda topa kendisinin mi, yoksa savunma oyun arkadaşlarından birinin mi girişmesini bağırarak öneren bir seçkinliği vardı.

Durum böyle iken, herkesin bilimsel ve eğitici bir cevap beklemesinin karşısında, kalecinin en büyük yeteneğinin "şansı" olduğunu belirtmesi herkesin ağzını açık bırakmış, hatta, bazıları bunu "şaka yapıyor" diye algılayarak kahkaha atmaya bile kalkışmışlardı!

Yaşin, etrafındakilerin bu şaşkınlığını görünce, ciddileşmiş ve şu açıklamada bulunmuştu:

"Biliyorsunuz, Avrupa'da Senenin Sporcusu ödülüne layık görülmüştüm . . . Ödül elimde, podyum arkasında, konferans salonundakilere yönelik bir konuşma yapmam beklenmekteydi . . . Bir an, bu başarıyı hangi yeteneğime borçlu olduğumu düşündüm . . . Birçok anı gözümün önünden geçti . . . Kaleye doğru çıkarılan bir şuttan kaynaklanan topa doğru havada bir uçuş gerçekleştirmişim . . . O bir veya iki saniye içinde zaman sanki yavaşlıyor ve ben, hamleme rağmen, topun, süzüle-süzüle parmak uçlarıma değerek içeriye, arkama, kaleye doğru gidişine mâni olamıyorum . . . Bu dehşeti kaç kere yaşadığımı anlatamam . . . Yere düşerken topu kaleden çıkarma fantazisindeki utancım beni mahvediyor . . . Ama . . . o da ne? Topu önümde görüyorum! Savunmadaki arkadaşlarımdan biri yuvarlağı hemen rakip sahaya doğru şutluyor ve tehlikeyi uzaklaştırıyor . . . Ne mi oldu dersiniz? Top beni geçmiş, kaleye girecekken direğin üzerinde patlıyor! Geriye geliyor ve savunmaca uzaklaştırılıyor . . . Şimdi siz buna şans demezsiniz de, ne dersiniz?"

Salonda çıt çıkmamıştı ve herkes bir sessizliğe bürünmüştü. Yaşin, yine söz alarak, "Tabii, bazen şansınızı kendinizin yaratma olasalığı da bulunmaktadır" demiş ve sözlerini şu şekilde bitirmişti:

"Demin bahsettiğim, topu bir santim farkla tutamamamın, çelememem, sebebi nedir? Plonjon yapmadan önce sahada, çimende, toprakta nerede durduğum, değil mi? Eğer, ayaklarımı, zıplayacağım parmak uçlarımı, topuklarımı yerde iken bir santim topun gittiği yönde tutsam, havalandığımda topu çelebileceğim . . . Demek ki, bence, bir kalecinin en büyük yeteneği bir yandan içgüdüsünün ve bir yandan da deneyim & birikimlerinin etkisinde daha top karşı oyuncularca kaleye doğru şutlanmadan kalesinde, iyi yer tutabilmesi'dir" diyerek, sohbetin başında sorulan soruya da cevap vermişti.

Bu üstün futbol yeteneklerinin yanında, saha içindeki sportmenliğiyle ve saha dışındaki efendiliğiyle de futbolseverlerin kalbini kazanmış olan efsâne futbolcu, hoşgörü atmosferinde medya'ya, topluma ve futbol dünyasına, küçük bir söyleşiyle, büyük bir ders vermişti.

Kültür değişiklikleri yüzünden, o zaman Yaşin'in bu mesajını Türkiyede yanlış anlıyanlar çıkmıştı! Bazıları, bunu, "bir insanın şansı olduktan sonra, başarılı olur, yoksa, başarısız kalır" şeklinde algılayanlar, ". . . yan gel Osman . . . Caddebostan . . ." miskinlik felsefesinin kanıtlandığına işâret edenler az değildi. Yaşin ise, bir kalecinin yeteneklerini geliştirir ve devam ettirirken, kendisini dev aynasında görmemesini, sıradan biri olmasını, başarı için herşeyi hazırladıktan sonra bile izlenebilecek başarısızlığı da olgunluk ve hoşgörü ile karşılaması mesajını iletmekteydi. Geliştirebileceğimiz şeyler için gayret göstermemizi, değiştiremeyecek durumlar için de olayı kabul etme olgunluğunu ve ikisi arasındaki farkı algılayacak kadar da aklımızı kullanmamızı önermekteydi.

Evet . . .

Şimdi gelelim, tekrar günlük yaşamımıza ve bu olaydan bir paralel çekebilmemize:

"Şans" nedir?

"Şans" a inanmakta mıyız?

Kültürümüzde gönlümüze göre işlememiş, çalışmamış bir olaydan sonra, teselli atmosferinde, "Ne yapalım, olmadı işte . . . şans, kader, kısmet . . ." diye birşey geveleriz . . .

Her olumsuz gelişimde neden "şans" ın olmadığını söyleye-geliriz?

Yine futbol'a gidelim:

Süper Lig'te A ve B takımları karşılaşmışlardır . . .

Oyun 0-0 berabere sonuçlanmıştır . . .

Bu arada, A takımı oyuncularının çıkardıkları 2 şut, B takımı kalesinin direklerinden dönmüştür . . .

Televizyonda, antrenör ve oyuncuların maç sonrası habercilerce yapılan o kısa söyleşilerini izlemekteyiz . . .

A takımı antrenör ve oyuncuları, "iyi" oynadıklarını ve 2 gollük şutlarının da kale direklerinden geri dönmesiyle "şans" sız bir günde olduklarını, şimdi bütün dikkatlerini, gelecek hafta C takımı ile olan maça vereceklerini söylemektedir . . .

B takımı antrenörleri ve oyuncuları ise, "iyi" oynamalarına rağmen sonuç alamadıklarını ve artık bütün dikkatlerini gelecek haftaki D takımı ile yapacakları maça vermeleri gerektiğini dile getirmektedirler . . .

Aradaki fark?

B takımı antrenör ve oyuncuları, "kalelerine %100 girmekte olan iki gollük şuttan bahsetmemekte ve bu yönden 'şans'larının yardımı ile hiç olmaz ise oyundan berabere ayrıldıklarını" bile belirtmemektedirler . . .

Hadi, yine günlük yaşama dönelim:

Antrenörler ve futbolcular örneği, başarılarımızda neden kendi yeteneklerimizin üstünlüğünden hava basarız, başarıyı kendimize mal ederiz de, başarısızlıklarımızda "şans" sızlığımızı suçlarız?

Başarılarımızda izlenilebilen "şans" lılığımızı ve başarısızlıklarımızdaki görülen yeteneksizliğimizi, ihmallerimizi, eksikliklerimizi ve yanlışlarımızı niye kabullenmeyiz?

Olumsuz olayları devamlı bir şekilde "hasır altı" ederek kalışımlarını kabul etmememiz, bizleri yanlışlarımızdan öğrenerek bir daha yapmama olgunlaşmasına taşıyacak yerde bu nevi reddetmeyle basitlikte, çiğleşmede, çocuk kalmada ısrar etmiş olmuyor muyuz?

Yaşamda mutluluğu bir "yalanlar" grubunun yardımı ile mi geliştirmek istemekteyiz?

Şimdi gelin, yine futbola dönelim ve bu sefer hem A ve hem de B takımı antrenörleri ve oyuncularının "olgun" eleştirilerini gözden geçirelim:

A takımı:

Elimizden gelen herşeyi yaptığımızı düşünmekteyim ve bu iyi oyun girişiminde de, ikisi direklerde patlama üzere birçok gollük şut çıkarmış olmamız bizleri sevindirmiştir . . . Şimdi önümüzde bir C takımı maçı var ve bu gün deneyimlediğimiz durumu, tekrar etmemeye ve şansımızı da yanımıza alarak daha iyi bir sonuca gitmeye çalışacağız . . ."

Nasıl?

Hadi, bir de B takımı antrenör ve oyuncularını olgun bir eleştiri atmosferinde dinleyelim;

"İyi oynadığımızı düşünüyorum ama bazı taktik ve strateji hatalarımız, rakiplerimize 2 tehlikeli şut çıkarma fırsatını buldurdu ama şanslı bir günümüzde olduğumuzu düşünüyorum, direkler kurtardı . . . Bu günkü maçtan epey şeyler öğrendiğimizi umut ederek, gelecek haftaki D maçında aynı açıkları vermeyeceğimizi ve seyircilerimizi daha iyi sonuçlarla sevindireceğimizi umutluyorum . . ."

Nasıl?

Her ikisi de olgun bir eleştiri örneği değil mi?

Maalesef, böyle hakikati yansıtan, aynı zamanda da olumlu ve yapıcı olan eleştirileri artık izleyememekteyiz . . .

Batı kültüründe, başarının ödüllendirilmesiyle başarısızlığın cezâlanması aşağı-yukarı dengelenmiştir. "Batılaştığımızı" iddia etmemize rağmen, Doğu kültürünü deneyimleyen ve birikimleyen memleketimizde ise, başarının "normal" kabul edilerek "ödüllendirilmemesine" karşılık, başarısızlık hemen "cezalandırılmaktadır!" Çocukluğumuzdan başlayan bu felsefede, büyürken iyi yaptığımız işlere karşı onurlandırılmamamız, gururlandırılmamamız, bir iç güven oluşturamamış olmamız ama öte yandan, her yaptığımız yanlışın bazen kat-ve-kat üstünde bir cezâ ile cevaplanması, bizlere, ". . . benim değil, onun kabahati . . . bende eksiklik yok, sende var . . . hayır ben anladım, ötekiler anlamadı . . ." gibi tepkilerin yaşam boyu, bizlerin kendinden emin olmadan korkak bir şekildeki gelişmemizi yansıtmaktadır. "Şans" ı da bir "öteki" yaparak, ". . . ben hata yapmadım, şansım yoktu . . ." diye düşünebilecek derecede bile belleğimizi, karakterimizi, kişiliğimizi ne kadar küçülttüğümüzün farkında bile bulunmamaktayız!

Yaşin'in bize verdiği başka bir ders de vardır:

"Yeteneksizliği," "şanssızlıkla" karıştırmamamızın gereksinimi . . .

Kıssadan hisse:

Yetenek sahibi olmak için çalışalım ve uğraşalım . . .

Oluşmuş yeteneklerimizi de geliştirelim . . .

Geliştirilmiş yeteneklerimizi de devam ettirelim . . .

Yeteneklerimizden hiçbir zaman gurur duymayalım . . .

Bunlara rağmen yine de bir başarısızlıkla karşılaşırsak, tevâzu ve hoşgörü ile hazmedelim . . .

Değiştirebileceğimiz her şeyi geliştirelim . . .

Değiştiremeyeceğimiz şeylerle—şans—uğraşmaya girişmeyelim, kendi hâline bırakalım . . .

Başarısızlıklarımızı hasır altı etmeyelim, aksine onları kabul ederek birşeyler öğrenelim ve aynı hatâları ilerde yine işlemeyelim . . .

FUTBOL SEYİRCİSİ

12.NCİ OYUNCU?

Takımların, kendi memleket-il-şehir sahalarında yaptıkları maçların "seyirci avantajı" tartışımı uzun bir zamandır bilinen bir fenomendir.

Yine eski devirlerde, Avrupa'da şimdiki kadar Türkiye kökenli vatandaşların yaşamadığı, seyyahatlerin uzun, pahalı ve yorucu olduğu, İnternet devrinin ortada bulunmadığı zamanlarda, taraftarlarının başka sahalardaki müsabakalarına gitmeleri çok zordu ve onun için de, içerde yapılan maçların, seyirci toplaması, takımın da desteklenmesi beklenirdi.

Şimdilerde, örneğin, Türkiye'den bahsettiğimizde, gerek Millî Takımımızın Avrupa ve Dünya Kupalarındaki maçlarına ve gerek ise lig takımlarımızın Avrupa'daki oyunlarına katılan yerel olduğu kadar, Türkiyeden giden seyirci de, Türkiyede oynanan bir maçtaki gibi kalabalık taraftar kitlesini oluşturabilmekte, destek te sanki evde veriliyormuşçasına kuvvetli bir şekilde gösterilmektedir. Hattâ, bu destek zaman zaman kontrolü kaybederek, takıma yarar yerine zarar verebilmekte, oyunu çeşitli şekillerde olumsuz ve yıkıcı bir şekilde etkileyen taraftarlar yüzünden, takımın ondan sonraki maçları seyircisiz oynanma, takıma para cezâsının verilmesi, sahanın şu kadar maç boyunca kapanması gibi hem moral ve hem de parasal problemleri yaratan durumları bile ortaya çıkarabilmektedir.

Takımına bu kadar zarar veren bir seyirci, bırakın "12.nci" oyuncu olabilmeyi, yazarca, takımı "10 kişi" ye düşürmesiyle bile karakterlenebilir.

Dolayısı ile, bu günün futbolunda, "12.nci Oyuncu?" tartışması yerine, "Kırmızı Kart?" gözden geçirimi bile algilanilabilir!

Herşeye rağmen, futbol takımının, seyircisine, seyircilerin de, futbol takımlarına ihtiyaçları bulunmaktadır.

Televizyonda, seyredilen hangi seyircisiz maç heyecan vermiştir ki?

Toplumun ve medyanın dekatlarla ölçülen değişimleri, futbol sahasına da yansımıştır. Bu gün, yazarın, orta okul-lise senelerinde, 1950 ve 1960'larda maça gittiğinde izlediği futbol seyircisiyle, bu gün televizyondan izlediği, İnternetteki spor haberlerinden takip ettiği futbol seyircisi arasında büyük farklar bulunmaktadır.

Bundan yarım asır evvelki seyircilerin çoğunluğunu "yaşlılar," "yaşını-başını almışlar" oluşturmaktaydı . . . Maça büyüklerimizin yanında giderken, "mektepli" olduğumuz için üstümüze-başımıza dikkat eder, "Bu da nasıl mektepli?" denmemesi için düzgün-uygun giysilere önem verirdik . . . Her iki takım taraftarlarının topluca bulunduğu yerler belli olmasına rağmen, üçlü-dörtlü-beşli-altılı gelen gruplar, bilhassa açık tribünlerde karışık otururlardı . . . Maça çok zaman hanımlarımızın evde hazırladığı köfte-börek-çörek ile gelir, içeceklerimizi de saha içi ufak büfelerden alırdık . . . O zamanlar, İstanbul'da, yegâne bilinen Mithatpaşa-İnönü stadı vardı ve sahanın bir tarafı "deniz," öteki tarafı da "Gazhane" olmak üzere, toprak yapımında, çimler orada-burada gelişmiş olarak hazırlanırdı . . . Yağışlı havada o toprak saha, daha maç başlamadan çamura dönüşürdü . . .

Seyircilerin birbirleriyle ve sahadaki olanlarla, oyunla olan ilgileri, o zamanlar başka başka boyutlardaydı . . . Yazar, 1950'lerin ortasından 1970'lerin başına kadar İstanbul'da izlediği maçlarda, çok kızgın olan bir seyirci kitlesinin sabrı taştıktan sonra, "hakemin cinsel oriyantasyonunu ortaya çıkaran!" . . . e hakem, . . . e hakem, terânesinin dışında bir küfürleşmeye, kavgaya-döğüşe, sille-tokada pek şahit olmadığını iddia etse yalan söylememiş bulunmaktadır. Zaman zaman kalabalık içinde iki grubun sözsel atışmasından sonra, her iki gruptan da ayağa kalkan ve ötekine yaklaşmaya çalışanlar, etrâfça hemen, ". . . hop, hop, hop . . . beyler . . . ayıptır . . . ayıptır . . ." söylentileriyle yatıştırılırdı . . . Sahadaki olanlara veya birbirlerine kızmanın, koltukları kırıp sahaya atma, tribünü ateşe verme, sahaya ve birbirine tehlikeli madde atarak kan-revân içinde bırakma, emniyet görevlilerince karga-tulumba götürülme, üzeri arandığında döner bıçağının çıkması gibi, zamanımızda her maçta görülenler, o devirde hiç kimse tarafından izlenmemişti. Yazar, gittiği yüzlerce maç içinde, yalnız iki defa sahaya hakemin kararını protesto etmek için ayva koçanı atıldığına şâhit olmuştu!

O senelerde, maç seyircisi demek bir eğlence topluluğu demekti . . . Bir oyuncunun sahadaki hareketi mi beğenilmiyor, karşı takım, oyuncu yürüdükçe ". . . sol . . . sağ, sol . . . sağ . . ." diye hep bir ağızdan tempo tutarlardı . . . Karşı takımın bir oyuncusu bütün oyunu taşımakta mıdır, ". . . sen oyna bâri, sen oyna . . . sen oyna bâri, sen oyna . . ." diye takılınırdı . . . Zamanın şarkıları-türküleri, sahada olanlara uydurulur, lirikleri değiştirilerek söylenilir, herkesin gülmesine ve eğlenmesine yol açardı . . . Her takımın bir tek amigosu vardı ve herkes onun etrâfında şaklabanlık yapar, dururdu . . . Yazar'ın, askerliğini İzmir'de, NATO Bandosunda yapan rahmetli Cemil Ağabeyi, zaman zaman, gidilen maçlara trompetini de götürür, Fenerbahçe hücuma kalktığında, kovboy filmlerindeki süvarilerin hücum borusunu çalar, herkese eğlenceli dakikalar yaşatırdı . . . Seyirci, hep bir ağızdan ya takımın hücûmunda, ya savunmasında veya özel atışlarda topluca sözsel destek verirdi. Şimdikinin aksine, milletin ellerini yanındakinin omuzuna koyarak hep beraber devamlı sıçradığı ve ". . . Oléééé . . . olé-olé-olé . . . Şampiyoooon . . ." gibi 90 artı dakika devam eden ve bir yerde etkisini kaybetmesinin yanında, bâzı zaman rahatsız da etmeye başlayan destek verme popüler olmamıştı.

Kısaca, stat ve seyirci, innovatif ve yaratıcı görünüşte, aşağılayıcı ve incitici olmayan, güldürücü, eğlendirici bir potpori, bir mini-festival havasını yaşayan topluluğu yansıtmaktaydı. Yerinde, karşı takım ve oyuncularını alkışlama çok zaman şâhit olunacak olaylar arasındaydı . . . Türk futbolunun belki de gördüğü en büyük efsânevî sağ açığı, saçları erken seyrelmiş Galatasaray'lı İsfendiyara, Fenerbahçe maçlarında, Fener seyircisinin ". . . kel . . . kel . . ." diye tempo tutmasına karşı, İsfendiyar'ın Fener seyircisinin olduğu yere gitmesi ve esas vaziyete geçerek onları selâmlamasına, Fener seyircisi de aynı olumlu şekilde, bu sefer de, ". . . gel . . . gel . . ." diye tempo tutarlar, İsfendiyar'ı alkış tufanına boğarlardı . . .

Hele maçtan sonra, sonuç ne olursa olsun, değişik takım taraftarlarının olduğu grupların berâberce içmeye ve eğlenmeye gitmeleri, masrafın da takımı kaybeden taraftarlarca ödenmesi, eğlenme ve iyi bir vakit geçirme, o devrin futbol seyircisi karakterini yansıtmaktaydı: Koyu mu koyu ama sonuç kadar iyi futbol da izlemek isteyen, sportmenliği ve efendiliği alkışlayan, yaratıcı, şakacı ve sanatı da futbola uygulayan bir topluluk . . .

Bu günlerde artık görülmeyen, târih olmuş bir kültür . . .
O devirde, seyircinin ve oyuncuların bu
şekildeki haşır-neşir oldukları zamanda, Anglo-Amerikan literatüründe, "Crowd pleaser—Kalabalığı mutlu eden" diye geçen ve bizlerin de "Tribünlere oynama" diye nitelediğimiz bir fenomen vardı. Bâzı oyuncular, seyirciye bakmadan, sanki izleyiciler yokmuş gibi görevlerini yerine getirmeye çalışırlar, bâzıları ise seyircilere "show-gösteri" de bulunurlardı. Örneğin, Beşiktaş Kalesini uzun zaman korumuş olan Varol Ürkmez bunlardan biriydi. Saha içinde olduğu kadar, saha dışında da yaşamı oldukça renkli geçen bu futbolcu, normalde plonjon yapmadan rahatça tutabileceği topları akrobatik şekilde uçarak alır, tribünlerden de büyük alkış toplardı. Galatasaray'ın unutulmaz büyük oyuncularından Kadri Aytaç ise sert futbolunu, yaptığı şaklabanlıklarla örter, faul yaptıktan sonra, gider faul yapanın önünde esas vaziyete geçer, eğilir ve geri-geri giderek özür dileme havasında herkesi güldürürdü. İngilizlerin başarılı oyuncusu Paul Gascoigne da yaptığı palyaçoluklarla, tribünlere hoş vakit geçirtmişti.

Demek ki, bir oyuncunun performansı 3 ayrı boyutta gözden geçirilebilmektedir:

1) Kendisi için oynaması
2) Takımı için oynaması ve
3) Tribünler için oynaması . . .

Kendisi için oynama boyutunda olumlu ve olumsuz çocukluk-ergenlik yansımaları izlenir: Alışıla-gelene uymama, izleyenlere karşı gelme, âsilik, yaratıcı olma, innovatif hareketler, bencil tutum, eğlence ve eğlenti odaklanımı, fazla serbest davranışlar . . . Futbolcu bu hâliyle, atılmayacak golleri kaydedebildiği gibi, atılacak golleri de kaçırma riski altındadır!

Takımı için oynadığı zaman, yetişkinlik tutumu ve davranışları izlenir: Antrenörünün isteğine, kendisi katılsın-katılmasın uyma, takım arkadaşları arasında âhenk kurma, iyiyi-doğruyu-güzeli destekleme, kötüyü-yanlışı-çirkini takım oyunundan uzakta tutma, sportmenlik, efendilik, tamâmen oyuna odaklanma, kendi içgüdülerinden olduğu kadar saha seyircisinin de baskılarına aldırmama, oyuna girme-çıkmada bir dinamo, bilgi-sayar çalışımı gösterme . . .

Tribünler için oynama boyutunda da, ebeveynliğe verdiği değere şâhit olunur . . . Tribünlerde olanlardan aşırı bir şekilde etkilenme, âdeta arena'ya çıkmış bir gladiyatör davranışları gösterme, seyircilerin kızgınlığı-öfkesini sahada temsîl etme, izleyicilerin desteğine hizmet verme, sahada olanları değiştirmeden yansıtma, sırasında tribünleri ateşleyecek, yangına körük ile gidecek hareketlerde bulunma, oyununu da bu düzeylerde seyircinin isteğine göre yürütme . . .

Şimdi . . .

Yaşamımıza paralel çekme zamânımız geldi de, geçti bile:

Kendimizi sahadaki oyuncularla, takımımızı ailemizle-akrabâlarımızla ve futbol seyircisini de komşuluk-toplum ile özdeştirdiğimizde ne izlemekteyiz?

Hiç bunun bir gözden geçirimini yapmış mıyızdır?

Yapmamış isek, belki de sırası gelmiş bulunmaktadır.

Yaşamda kimin için çalışmaktayız?

Kendimiz için mi, aile-akrabâlarımız için mi, komşuluk-toplum için mi?

Yoksa hepsinden verilen yüzdeleri kapsayan
karışık beklentiler için mi?

Sağlıklı, mutlu ve başarılı bir yaşam için belki de hepsinden %33.33 kapsamında, yâni eşitlenmiş davranış-tutum sâhibi karakterlerinin olumlu-yapıcı taraflarını sâhiplenmemiz gerekmektedir.

Çocuk-ergen tarafımızın olumluluğu, herkesin mutlu olmasını istememizde, yaratıcılığımızda, zararsız ve faydalı eğlence-eğlenti-güldürü atmosferi aramamızda-oluşturmamızda, otonomimizi kullanma arzumuzda, öğrenmeye olan merâkımızda, kişiliğimizi geliştirme özverimizde izlenir.

Çocuk-ergen tarafımızın olumsuzluğu, bencilliğimizde, âile-akraba-komşuluk-toplum kurallarına boş vermemizde, "duble standart" uygulamamızda, istediğimizi, istediğimiz yer ve zamanda yapma yönelimimizde, devamlı bir şekilde gelenek-görenek dışına çıkma meylimizde kayıtlanır.

Yetişkin tarafımızın olumluluğu, realiteyi algılamamızda, mantık ile hareket etmemizde, kendimizin olduğu kadar başkalarının fikirlerine de saygı göstermemizde, herkesin eşitliliğini kabullenmemizde, problemleri herkesin fayda göreceği veya en az zararla çıkacağı şekilde çözme girişimlerimiz & çalışmalarımız ile kanıtlanır.

Yetişkin tarafımızın olumsuzluğu, duygu ve inançlardan aşırı şekilde uzak durma, herşeye ve herkese bir robot gibi tamâmen lojik yönden bakma, her olayda mutlaka bir sebep arama, "neyin nasıl yapılacağında" zârifletme-yumuşatma iletişimi dışında herşeyi, herkese olduğu gibi yansıtma ile karakterlenir.

Ebeveyn tarafımızın olumluluğu, eğitme, yol gösterme, şartsız olarak sevme, affetme, herkesi olduğu gibi kabullenme, hoşgörü, yardım etme, yükseltme, ödülleme, başarıları alkışlama,
olumlu-yapıcı eleştiri, başarısızlıkları kabullenip yeni girişimlerde deneyim & birikimler düzeyinde destekleme kendini belli eden gösterilerdir.

Ebeveyn tarafımızın olumsuzluğu, inancı-geleneği-göreneği yer ve zaman değişikliğine bakmadan koyu bir şekilde savunma, inatçılık, aşağılayıcı-küçümseyici eleştirme, yargılama, cezâlama, herkesi ve herşeyi kontrol altında bulundurma tipik olarak algılanan davranışlardır.

Bir an gözlerimizi kapayalım . . .

Kişiliğimizin, bu belli-başlı karakterlerden hangisiyle ve ne derecede etkilendiğini düşünelim . . .

Aynı şekilde, sevdiklerimizin ve sevmediklerimizin de durumlarını "analiz" in aksine, "sentez" yapalım . . .

Sağlıklı yaşamımızı, mutluluğumuzu ve başarılılığımızı olduğu kadar, sağlıksız yaşamımızı, mutsuzluğumuzu ve başarısızlığımızı hangilerine bağlamaktayız?

Olumlu ve yapıcı çocuk-ergen, yetişkin ve ebeveyn tutum ve davranışları bizi sağlıklı yaşama, mutluluğa ve başarıya götüreceği gibi, olumsuz ve yıkıcı çocuk-ergen, yetişkin ve ebeveyn tutum ve davranışları da bizleri sağlıksız yaşama, mutsuzluğa ve başarısızlığa itecektir. `

Kıssadan hisse:

Sahada da, yaşamda da olumlu ve yapıcı olalım . . .

KORNER ATIŞI

YAŞAMDA FIRSAT ÜRETMEMİZ

Çocuklukta sokak futbolu oynarken, "üç korner, bir penaltı" kuralı vardı. Çok baskı yaparak "rakibi bunaltma" nın bir kanıtı, "iyi oyunun" da bir ödüllendirilmesi şeklinde penaltı vuruşu yapılırdı.

Günümüzde köşe vuruşu sayısı bir şey ifâde etmemektedir. A takımı, B takımına karşı maç boyunca dokuz korner kazanmıştır ama B takımı bir kontr-atakta gole ulaşmış, maçı da alıp gitmiştir!

Yine de, hücum-atak oyununu promosyona sokmada, yazar, "üç korner, bir penaltı" nın resmî olarak sahalarda uygulanması taraftârıdır. İki sebepten . . . Birincisi, ofensif-agressif-yapıcı-innovatif "penaltı kazanmak için korner yaptırma" oyununu stimüle eder, ikincisi de, devamlı korner kazanacak kadar rakibini kontrol altında tutan taraf ta, gol kaydetme olasalığı ile ödüllenmiş olur.

Klasik futbolda, korner atışının, uzak direğe, soldan geliyor ise kalecinin sağında, sağdan geliyor ise kalecinin solunda, 6 veya 18 pas çizgilerinin köşeleri arasında kafa ile şutlanabilecek bir yere gönderilmesi ideal tutulmuştur. O zamanlarda, kalecilerin en zayıf taraflarının bu bölge olduğu iddia edilmişti.

Tabii, günümüzde, geriden, arka bek mevkiinden kopup-gelen ve kafa şutu ile gol çıkarmayı hedefleyen oyuncuların bulunduğu futbol anlayışında artık bu felsefeye ne derece değer verildiği de tartışılabilir. Zamanımızda, korner atışının yeterliliğinden çok, karşı kaleci ve savunma oyuncularının aralarında anlaşabilmeleri veya anlaşamamaları önemlidir.

Korner atışı, belki de, oyunun gol kaydetmede en umutlandırıcı "fırsat üretimleri" nden biridir. Çok ender olmasına rağmen, "gol kaydedici" olarak ta izlenmiştir. Beşiktaş'ın efsânevî açık oyuncusu Şükrü Gülesin'in, kornerlerden, topu, kimseye değdirmeden, falsolu bir şekilde ağlarla kucaklaştırabilmesi bu gün bile unutulmamıştır. Böyle ender durumlar dışında, köşe vuruşunun, hâlâ bir takımın kalesine karşı yöneltilen en tehlikeli pozisyonlardan biri olduğu üzerinde çok kimse hemfikirdir.

Günümüzde, korner atışında "uzmanlaşmış" oyuncuları izliyememekteyiz. Bir takımın, "topa iyi vuran," çok zaman da, serbest vuruşları tehlikeli bulunan oyuncularından seçilen birinin bu görevi maç boyunca üstlendiğini görmekteyiz. Bu oyuncu çok zaman, topu köşeye dikmekte, gerilmekte, elini kaldırmakta, koşarak attığı şut ta, o anda birbirini itekleyen, formalarından çeken, ellerden-kollardan tutulan, âdeta güreşen savunma-hücum oyuncuları kümesine süzülmekte, bir "ne çıkarsa bahtına" şeklinde beklentiye yöneltmektedir. İlginçtir, bu vuruş, günümüzde çok kere savunma oyuncularınca, kafa darbeleriyle savuşturulabilmektedir. Başta yalnız Türkiyenin değil, dünyânın da gelmiş-geçmiş en büyük santraforlardan biri olan Galatasaraylı Metin Oktay'ın, çok uzun olmayan boyuna rağmen, onca kişi arasında havaya zerâfetle süzülüp, kornerden gelen topa, vurduğu kafa vuruşları ve bir balerin gibi yatarak vole ile attığı şâhane golleri artık görmemekteyiz. Cezâ sahası içinde bekleyen oyuncuların bu yeteneklerinin kaybolmuş mu yoksa, Amerikan Futbolunda izlenildiği üzere, herkesin, topa kafa vurma yerine, topa kafa vurdurtmama için giriştiği "gladyatör" savaşlarında(!), itilip-kakılan bir kümede, kimsenin topa sıçrayamaması mı olduğu, tabii tartışma konusu edilebilir.

Burada denmek istenen, köşe vuruşunun yeterliliği kadar, sonuç alacak oyuncunun da yerleme-zamanlamadaki kalitesinin önemidir.

Şimdi gelelim, yaşamdaki paralele . . .

Yaşamımızda, bir sinemaya gitmeye karar verme gibi en basit girişimimizden, yeni bir işe başlamada söyleşiye katılma gibi en önemli uğraşımımıza kadar ne hazırlıkta bulunmaktayız, ne gibi hazırlıklar yürütmekteyiz?

Hazırlıklarımız, beklediğimiz sonuca uygun bir şekilde mi yürütülmüştür?

Arzulanan sonucu alamadığımızda, onu-bunu suçlarken, tâlihsizlikten-şanssızlıktan bahsederken, hiç kendimizi, belki de hazırlık safhasındaki ihmallerimizden dolayı suçladığımız olmuş mudur?

Atalarımızın, "Ne ekersen, onu biçersin" sözüne gelmemekte miyiz?

Çok zaman, "bir şey ekmeden," biçmeyi beklememekte miyiz?

En önemlisi, aynı konuda başarılı olmak için bir daha girişim denediğimizde, önceki hazırlık safhasında üzerinde durulmayan düzeyleri, boyutları algılayıp, düzeltme uğraşısını yürütebiliyor muyuz?

Bu günün köşe vuruşunda, bütün istenen, topun, kalenin önündeki karambole olmuş, itişen-kakışan kümeye doğru süzdürülmesidir. Bu standart olmuş bir beklentidir. Mamafih, zaman zaman, atışlar, bu standart beklentinin de üzerine çıkmakta, daha evvel anlaşmış olan oyuncularca innovatif-yapıcı hareketler görülmektedir. Köşe vuruşunda yakına gelen oyuncu ile paslaşma veyâ topu, o anda kümede bulunmayan ve geriden kopup-gelen arkadaşına

atarak durumu, bu yeni oyuncunun korner

atışını, bir "serbest vuruş" haline

dönüştürmesi gibi girişimler denenmektedir . . .

Daha önce de belirtildiği gibi, modern futbolda, köşe vuruşunun, uzak direk-ceza sahası alanına odaklanmasının önemli olup-olmadığı tartışılabilir. Şu kadar ki, çok zaman bu yere gönderilen toplara ne savunmadan ve ne de hücumdakilerden bir beklentinin olmadığı, topun, "No man's land" yâni, "kimsenin bulunmadığı noktaya" düşmesiyle de ayrı oyuncularca uzaklaştırıldığı veya ziyân edildiği izlenmektedir. İlginçtir, bu olayı izleyiciler çok defâ değişik bir felsefeyle algılarlar. Köşe vuruşunu yapan, ". . . ya, kardeşim, nereye vuruyorsun, ne biçim korner bu? . . ." diye eleştirilir de, ". . . ya, kardeşim, nerede bizim oyuncular? Niye kimse o alanda değil?" yargılamaları pek duyulmaz!

Bunun yaşamdaki karşılığı, bâzen hazırlığımızı ne kadar eksiksiz yaparsak yapalım ve üstelik ne derecede yapıcı ve innovatif olarak, standardın da üzerinde bir hazırlık geçirirsek geçirelim, sonuca gitmede yine başarısızlığı tadabiliriz. Mamafih, burada "ekmeden biçme" hazıra konma beklentisindeki düş kırıklığının aksine "ekmeye rağmen biçememe" sonucu alınacaktır ki, bu da psişiğimizi destekleyen, kuvvetlendiren, kendimize olan özgüveni ve saygıyı arttıran bir etken olarak izlenecektir . . . başarısızlığa rağmen!

Kıssadan hisse:

Bir evliliğe-boşanmaya karar vermeden önce, bir işte kalmaya-değiştirmeye yönelmeden önce, bir sınava girmeden önce, bir arkadaşın kalbini kazanmadan-kırmadan önce, bir seyyahate çıkmadan önce, bir çocuk sâhibi olmadan önce . . . gereken hazırlıkları yapmakta mıyız?

SARI KART
"Nush ile uslanmayanı etmeli tekdîr . . .

KIRMIZI KART:
. . . tekdîr ile uslanmayanın hakkı kötektir!"

Ziyâ Paşa

Ziyâ Paşa'nın bu söylevi, zamanımıza, "Nasihatla, öneriyle aklı başına gelmeyeni azarlamalı (Sarı Kart), azarlama ile de halâ aklını başına almayana dayak atmalı (Kırmızı Kart) . . ." şeklinde tercüme edebiliriz!

Sarı Kart, dâima bir uyarıyı yansıtır.

Bir futbolcu, topa değil, rakibine girmiştir . . .

Bir diğeri, hakemin kararına tepki göstermede topu fırlatmış atmıştır . . .

Bir futbolcu, sanki rakibinin darbesiyle düşmüş gibi yapmış, hakemi uyutma girişiminde aldatamamıştır . . .

Bir futbolcu gol kaydettikten sonra gömleğini çıkarmış, belden üzeri çıplak zafer turuna girişmiştir . . .

Bir futbolcu, hakemin sözlü uyarısına rağmen hala bağırıp-çağırdığından "teknik" Sarı Kart yemiştir!

Futbol kurallarınca, Sarı Kart'ı alan bir oyuncu aynı oyunda yine ikinci bir Sarı Kart aldığında da, doğrudan Kırmızı Kart yemiş gibi oyun dışında kalacaktır . . .

Cezâ oyun bittikten sonra da devam edecek ve gelecek maçta kendisine yer bulamayacaktır!

O oyundan yalnız bir Sarı ile bile ayrılsa, bu "Sarılar" birikmeye başladıklarında, belli bir sayıdan sonra, sanki oyuncu doğrudan bir Kırmızı Kart yemiş gibi, gelecek maçta oynaması da men edilecektir.

"İki Sarının bir Kırmızı ettiği" futbol sahasında, zamânımızda oyuncuların herşeyden önce Sarı Kart almaya pek aldırmadıkları, aldıktan sonra da ikinciyi almamakta itînâ göstermedikleri, maalesef, kayıtlanmaktadır. Ziyâ Paşa dilinde, sözlü nasihata ve azarlamaya aldırmamakta, kötek yemeye potansiyel yaratmadadırlar!

Futbolda Sarı Kart ile "uyarılma"yı gerektiren hakem kararının doğruluğunu onaylamak bâzen çok zordur. Örneğin, çoğu maçta, hemen herkesin, Sarı Kart yemesinde hemfikir olduğu bir oyuncuya haksızlık yapılarak verilmezken, rakibine sert giren ama rakibine değil, topa doğru yasal girişimde bulunan oyuncuya yine haksızlık ürünü Sarı Kart çıkar!

Gelelim, yaşam paralellerine:

Nasihatlanma (Sözlü uyarı), Azarlanma (Sarı Kart) ve Cezâlanma(Kırmızı Kart) . . .

Ebeveynlerimizden, diğer âile büyüklerimizden, öğretmenlerimizden, eğitmenlerimizden, sağlıkta çalışanlardan ve diğer kaynaklardan aldığımız nasihatler, yaşamımızda olumlu ve yapıcı olabilmekte midirler?

Çok zaman, kulak arkası ederiz, değil mi?

Onun içindir ki, yaşamda, her gün ve her yerde bir azarlama, bir uyarma, bir Sarı Kart alırız!

Sigara içilmeyen yerde ilgililerce uyarılırız—
tabii, uyarana, "Sen benim kim olduğumu
biliyor musun?" edebîyâtı taslamazsak!—

Sinemada yüksek sesle konuşursak, sinemaseverlerce uyarılırız . . .

Otoyol'da bir kazâ oldu ise, görevli memurlarca yol değişiminde uyarılırız . . .

Birinin hakkında atıp-tutarken dilimizi ısırma ile uyarılırız . . .

Toplantıya geç kaldığımızda, patron tarafından uyarılırız . . .

Âilede, eşimizce boşanma tehdidiyle uyarılırız . . .

Fazla kilolarımızı atmada, doktorumuzca uyarılırız . . .

Seyyahat plânlamasında, havanın durumu ile uyarılırız . . .

Bütün bunlar, Sarı Kart analojisinde, durumu daha kötüye çevirmememizde, iyiliğimiz için bildirilen uyarılmalardır . . .

Bu uyarılmalara da aldırmayıp, yaptığımızı yine de devam ettirme inâdında da isrâr edersek, ya kendi kendimize zarar verir, ya da cezâlandırılmaya sebep oluruz!

Kıssadan hisse:

Yaşamda en ideali, pro-aktif, yâni olumsuz ve yıkıcı hareketleri daha oluşmadan uzaklaştırmak, nasihat verildiğinde kulak vermek, azarlanma ve cezâlanmada bizim de hatâlarımızın olabileceğini kabullenmek ve onları tekrarlamamak yerindedir.

HAKEM VE OYUNCU

ETKİ VE TEPKİ

Yazar, futbol hakemlerine bâzen kızmış, onları bâzen alkışlamış, sırasında kararlarını anlamamış ama . . . her zaman da takdîr etmiştir!

Bir kere, 90 artı dakika, bir futbolcu gibi ileri-geri devamlı koşmadaki bedensel form ve gayretlerinden dolayı . . .

Arkasından, futbol gibi bir oyunda hakemlik yapma cesâretini gösterdikleri için . . .

Yazar, sporun takımla sergilendiği izlenimleri arasında, kurallarının uygulanmasında en zor olan oyunlardan birinin futbol olduğunda herkesin hemfikir olabileceğini düşünmektedir.

Niye mi?

Top çizgiyi geçti mi, geçmedi mi?

Bu oyuncu rakibini itti ama rakibi de onu formasından çekti, faul kimin?

Ofsayt mıydı, değil miydi?

Kart verilmeli miydi, verilmemeli miydi?

Sarı Kart mı, Kırmızı Kart mı gösterilmeliydi?

Faul isteyerek mi, istemiyerek mi yapıldı?

Penaltı mı, değil mi?

Sahadaki pozisyonların çoğunda, yukardaki sorulara, hem de o anda karar verme, kolay iş değildir! İşin içine bir de taraftarlığı-tarafgirliliği katarsak, yâni tuttuğumuz takıma karşı yapılan her harekette "faul" görürsek, takımımızın karşı takıma yaptığı her faul'ü de "normal" karşılarsak, durum daha da karışık bir hâle dönüşür!

Hakemler de, tabii ki, insandır ve hatâdan uzak kalmayacaklardır. Yazarın sorguladığı, teknolojinin ilerlemiş devri olan zamanımızda, oynanan oyun, stad'ta, her tribünde dev televizyonlardan "hatâsız" görüntüler yavaşlatılmış olarak yayınlanırken, sistemin niye hâlâ hakeme, bu hatâ yapabilecek antiteye, ihtiyaç duyduğudur . . .

Hakemlerle ilgili tartışmalar içinde, kararları kadar, bu günün oyuncularının, hakemle olan ilişki ve iletişimlerinin "laubâlî" denebilecek düzeylere ulaşmış bulunması önemlidir.

İki rakip oyuncu, havadan gelen topa vurmak için beraberce zıplıyorlar . . .

Havada ikisi de birbirine giriyor ve yere düşmeye yöneliyorlar . . . İkisinin de kafaları daha havada iken hakeme çevriliyor . . .

Kendisine, faul yapıldığını iddia eden bir futbolcu, oyunu devam ettiren hakeme karşı bir sürü bedensel gösterimde bulunuyor, bağırıyor-çağırıyor . . .

Aleyhinde faul verilen bir oyuncu hemen hakeme giderek, ajite bir şekilde hakemin kararını sorguluyor, tehditkâr beden dili gösteriyor . . .

Bir penaltı kararında takım oyuncuları—kaptan da dâhil—hemen hakemin etrafını kuşatarak grupça tâciz denebilecek düzeylerde, itişiyor-kakışıyor . . .

Hakemin, çok konuştuğu için, uyardığı oyuncu bir türlü susmuyor, öfkeyle tehditlerinde direnince de "teknik" bir Sarı Kart yiyor . . .

Hakemin verdiği faule kızan bir oyuncu, karşı takımın topu hemen kullanarak kaleye inmeye başlamasına rağmen, hâlâ hakemle atışma içinde . . . bu yüzden oyuna odaklanmasını kaybediyor, tutması gereken rakip oyuncu da topu kapıp, tehlikeli oluyor . . .

Oyuncu faul yapılmış gibi, yalandan kendini yere atıyor ve hakem de kendini aldatma girişimini sarı kartla cezalandırıyor . . .

Şimdi okurlar diyecekler ki, "Hadi bakalım, yazar şimdi yine eskilerden başlayacak, dekatlarca önce sahalarda böyle şeylerin görülmediğinden dem vuracak . . ."

Doğru, geçmişte, oyuncuların top yerine, bu kadar hakemle oynama uğraşısı görülmüş bir şey değildi . . .

Üstelik, o zamanlar, kulüp idâresince, maç sonrası otoritelere takımın şikâyetini resmî olarak sunma gibi bir hakkı-hürriyeti de yoktu. Buna rağmen, oyun sırasında oyuncularca böyle "dalavera" ayaklarına yatanları her şeyden evvel kendi taraftarları yuhalarlardı!

Mamafih, yazar burada yalnız geçmişe giderek, "ah-vah" etmemektedir.

Zamanımızda da, oyuncuların eski gurur ve zerâfette oyunları devam edebilmektedir.

"Nerede?," diyeceksiniz . . .

Hiç, İngiliz Primer Ligini, Alman Bundesligasını izlediniz mi?

Bizim sahalarda hakem-oyuncu ilişkilerine benzer olayları bu liglerin maçlarında görüyor muyuz?

Tabii ki, bu liglerde de hakeme kızan, bağıran ve çağıran oyuncular bulunmaktadır . . . bulunmaktadır ama . . . hakemin her kararına itiraz eden, eski kuşakların, "sokak çocuğu" dedikleri cinsten, terbiyesizce, yüzsüzce, yavşak ve yılışık girişimleri, tutumları, davranışlarına benzer durumların, hakemin her düdüğünü çaldıktan sonra oluştuğunu bu yazar pek izlememektedir . . .

Peki nedir bu lig oyuncularımızın kızgın, öfkeli, sarkastik çırpınışları?

Olayda hakemin kararına itirâz etmese, arkadaşları, antrenörü, idârecileri ve seyircileri kendisinin korkak, pısırık veya yetersiz olduğunu mu düşünecekler?

"Erkek adam olmadığı," ödlek biri olduğunu mu yargılayacaklar?

"İyi, yeterli ve özverili" oyunu ile "kişiliğini ispat edemeyen" oyuncu, hakeme gösterdiği saygısızlık, âsilik ve küstahlık ile mi "kişiliğini ispat etme" ye yönlenmektedir?

Mamafih, "çocuğa" kızmamak lâzım . . .

Bu hareketlerin hem kendine ve hem de takımına fayda getirmeyeceğini işleyecek "ebeveynleri" olacak antrenör, idâreci ve seyirciler nerede?

Medya nerede?

Futbol Federasyonu nerede?

Hangi oyuncu, hakeme gösterdiği
terbiyesizlikle takım kaptanınca, teknik direktörce, idârecilerce ve izleyicilerce cezâlanmaktadır?

Bilakis, çok zaman da, ama dolaylı ama dolaysız desteklenmektedir bile!

Bu "itîraz" silsilesinin başka bir yönü de var:

İnsanı, diğer yaratıklardan ayıran, önceden gözden geçirdiğimiz düşünme yeteneğidir, başarısızlıklarından öğrenme kalitesindeki yüksekliktir, problem çözmedeki yaratıcı buluşlarıdır.

Yüksek memelilerin bile bu yeteneklerden geride olmaları ile, insanoğlu/kızı, küresel üstünlüğe erişmiştir.

Hâl böyle iken, hayvanların, insanlardan üstün olan taraflarına da zaman zaman şâhit olmaktayız. Daha evvel gözden geçirdiğimiz Pavlov'un köpekler üzerinde yapmış olduğu deneylerde, yaratıkların şartlanma ile öğrenmeleri kayıtlanmış ve kanıtlanmıştır. Köpek, patisiyle bir levyeye bastığında yemek, öbür levyeye dokunduğunda da elektrik çarpması karşısında kalınca, hep birinci levyeye basmaya yönelmiş ve ikinci levyeden uzak kalmayı öğrenmiştir.

Şimdi . . .

Hakemin kararı hiç bir zaman, oyuncuların bağırmalarından-çağırmalarından sonra değişmekte midir?

Hayır . . .

Öyleyse bunda ısrar etmenin anlamı nedir?

Gövde gösterisiyle, kaba kuvvetle, hakemi korkutarak karar değiştirme izlense, yazar,
ona bile açık kapı bırakmaktadır . . . ama . . .

. . . karar değişmemektedir!

Demek ki, bu "levye" ye bastırdığımızda bir sonuç alamamamız gibi—karar lehimize değişmiyor—zararını bile—Sarı Kart tehlikesi—görmekteyiz!

. . . ama hâlâ tekrâr etmekte ve öğrenmemekteyiz!

Peki, bu durumda, Pavlov'un köpeklerinin akıllılığı derecesinin de altına mı düşmekteyiz?

Köpeklerin öğrendiğini, biz, insanlar öğrenememekte miyiz?

Gelelim yaşam paralellerine:

Bebekliğimizde ve çocuklukluğumuzda çok zaman ilk "hakem" lerimiz ebeveynlerimizdir. Büyüdükçe, bu hakemlere yenileri eklenir . . . akrabalar, mahalle, toplum, okul, kültür, gelenek-görenek, töre, millî ve dinî değerler, vs . . . Büyüdüğümüzde, bir de bakarız ki, yaşamımızı bir çok "hakem" idâresinde geçirmeye başlamışız!

Bu "hakem" ler, bir yerde sağlıklıdır. Kanun-nizam-kural çerçevesinde yaşamımız emniyete alınmıştır. Öbür taraftan da, "istediğimizi, istediğimiz yer ve zamanda yaptırtmamaları" nın sıkıntısını çekeriz! Ne olsa, kanunlar da insanlar tarafından derlenmiş-düzenlenmiştir ve zaman zaman ihtiyâca göre gözden geçirimleri, yenilenmeleri gerekmektedir.

Şüphesiz ki, yasal problemlerimizde, hele haksız yere mağdur durumunda isek, tabii ki kızma, öfkelenme ve hiddetlenme doğaldır. Bu şiddete de dönüşerek bir çok zarar da verebilir. Örneğin, Amerikada 1960'lardaki zenci haklarının düzeltilmesi, zencilerin seneler süren, bâzen yakıp-yıkmaya bile ulaşan protestolarından, ayaklanmalarından sonra kanunlaşmıştır. Diğer bir deyişle, "Ağlamayan çocuğa meme yok . . ." derlemesi âdeta onaylanmıştır. Mamafih, stresin en aşırı gösterimi olan şiddet, karşı şiddeti de doğuracağından, işini şiddetle yapmak, istediğine şiddet ile ulaşmak, hiç te sağlıklı olmayacaktır. Hele, bu şiddet durumu da değiştirememekte ise . . .

O zaman ne yapacağız?

Zamanımızda kontradiktuar, yâni biri-birine tersine işlemekte olmasına rağmen, aynı zamanda birbirinden ayrılamayan yasal gelişmeler oluşmuştur. Bir yandan şimdiye kadar görülmemiş derecedeki küresel insan hakları "kanunluluğu" ilerlemeye-gelişmeye yöneltilirken, insanın yine şimdiye kadar görülmemiş derecedeki "kanunsuzluğu" da, gerilemeyi-kötüleşmeyi körüklemektedir. Bu iki yandaki gelişim-çelişim boyutunda, kanunun, yaşamımızdaki kontrolüne gerilim ve isyân ile tepki gösterimimiz doğal olacaktır ama . . . eğer bir olumlu ve yapıcı sonuç getirebiliyor ise!

Aksi takdirde, devamlı olaral mızmızlık etmek, şikâyette bulunmak, bağırmak-çağırmak fayda vermeyeceği gibi, kanun ile de aramızı daha fazla açabileceğinden zararlı olacaktır.

Kıssadan hisse:

Kanun-Nizam-Kural ile bir problemimiz olduğunda,

değiştirebileceklerimizde cesâret gösterelim

değiştiremeyeceklerimizde kabullenmeyi öğrenelim ve

ikisi arasındaki farkı bilmede aklımızı kullanalım!

UZATMALAR

YAŞAMDA SON SANİYE SÜRPRİZLERİ

Günlerden târih 17 Şubat, 1964'ü gösteriyordu . . .

Sezon: Millî Lig 1963-1964

Yer: İstanbul, Mithatpaşa-İnönü Stadı

Golsüz berâbere götürülen maçta Fenerbahçeli Şenol, Beşiktaş'a karşı, 90.ıncı dakikada bir gol kaydetmiş, hakem düdüğü çalmış ve maç bitmişti! Bu şekilde Sarı Kanaryalar şampiyonluklarını garantilerken, Kara Kartalları sezonun geri kalan kısmında bir türlü kurtulamayacakları ikinciliğe itmişler, Beşiktaşlı Güven de, aynı sezonda Beşiktaş'a ligde ilk gol krallığını getirmiş, takımına tesellî ödülü sağlamıştı . . .

Fenerbahçenin gâlibiyetinden ve o sezon şampiyon olmasının kutlanmaları yanında, bu "son dakika" golünün anısı ve tartışması da senelerce süre-gelmişti. O devirlerde "90.ıncı dakika" golüne pek rastlanmazdı. Çok ender olarak algılanan bu olay, yıllarca dillerden düşmemişti!

Günümüzde ise, "son dakika golleri" bir yana, uzatmalarda atılan goller bile artık sıradan bir olay hâlinde izlenmektedir . . .

Futbolda, gollerin daha çok hangi dakikalarda kaydedildiğini yansıtan kayıtlı ve kanıtlı araştırmalardan Yazar haberdâr değildir. Mamâfih, 90 artı'lı maçlarda, 91.inci, 92.nci, 93.üncü, 94.üncü ve 95.inci dakikalarda birçok golün atıldığı-yendiği ve hattâ bütün maç boyunca görülmeyen gollerin uzatmalarda skorlandığı da herkesçe bilinmektedir.

Uzatmalarda kaydedilen gollerin sırrı, gizemi nedir?

İlginçtir, "son dakika" gollerinin çoğunluğu da, maçı başından beri oynayan futbolcularca atıldığıdır. Dolayısı ile, oyuna sonradan, örneğin ikinci devrenin sonuna doğru giren bir futbolcunun, diğerlerine göre daha az yorulmuş olmasından, nefesini onlardan daha çok kullanabildiğinden dolayı skorlama olasalığının bulunması kuramı da açıklayıcı bir antite olmaktan uzak kalacaktır.

"Son dakika" oyununun sosyo-psikolojik ortamı nedir?

Sahada, herşeyin bittiğine inanan birçok oyuncunun, teknik direktörün, idârecilerin ve seyircilerin aksine, halâ umutlarını kesmeyen bir veyâ birkaç futbolcunun ürünü müdür?

Hakemin düdüğünü duyuncaya kadar gösterilen çalışma etiğinin, özverinin, motivasyonun sergilenmesi midir?

Realite çerçevesinde, mantık düzeyinde, umudun devam ettirilebilme cesâreti midir?

Yaşama paralel:

"Tanrıdan ümit kesilmez" derlemesi, kültürümüze yer eden beklentilerden biridir. "Hızır" in, herşeyin bittiği düşünülen son sâniyede yetişimi ve işleri olumlu-yapıcı yönlendirimine inanılır.

Tabii, bu inancın tartışımı, spiritüel değerler boyutunda renkli ve zengin gözden geçirimler oluşturabilir. Burada ise pratik değerleri sunulacaktır.

Şöyle bir düşünelim:

Yaşamımızda, son saniye değişimleriyle işlerimiz olumlu yönde mi (90 artı'da gol kaydederek maçı kazanan takım) yoksa olumsuz yönde mi (90 artı'da gol yiyerek maçı kaybeden takım) gelişme göstermiştir?

"Vermedi Mâbut, Neylesin Mahmut?" gibisinden, işi neden ise her zaman aksi gidenlerin dışında, çok kimse, son sâniyede olumlu ve yapıcı taraflara yönlendirildiklerini algılayabileceklerdir. Bu veri-tabanını gözden geçirdiğimizde en üzülünecek nokta, yine insan doğasına bağlı olarak, olumlu-yapıcı son sâniye değişikliklerini pek anımsamamamız, ama olumsuz-yıkıcı son sâniye değişikliklerini de senelerce ona-buna anlatarak dert yanmamızdır.

Bir konser gişesi önünde bilet için sırada bekliyoruz . . .

İlerliyoruz, önümüzdeki sanatsever biletini alıyor . . .

Tam gişedeki görevliye para vereceğimiz anda, gişe kapanıyor, biletin tükendiği bildiriliyor!

Bunu yıllarca unutmayız, değil mi?

Senaryonun tersi:

Bir konser gişesi önünde bilet için sırada bekliyoruz . . .

İlerliyoruz, önümüzdeki sanatsever biletini alıyor . . .

Gişedeki görevliye paramızı veriyoruz, biletimizi alıyoruz, sıradan çıkıyoruz . . .

Arkamızdan, gişenin kapandığı, biletin tükendiği bildiriliyor . . .

Şimdi bunu, yıllarca ona-buna anlatarak, geçirdiğimiz son sâniyedeki olumlu-yapıcı ânı yansıtır mıyız?

Çoğumuzca, hayır!

Gişeden ayrıldıktan hemen sonra da unuturuz, bile . . .

Son sâniyeler hem futbolda ve hem de yaşamda önemli olmalarına ve az da olsa, bâzılarınca değerlerinin takdirine rağmen, üzerinde tartışılması gereken bir nokta da, "ilk sâniye" nin değerlendirilmesidir!

Japonya-Kore'nin ortaklaşa düzenlediği 2002 Dünya Kupasında, Ulusal Takımımızın, Dünya Üçüncülüğü başarısının mühürlendiği Güney Kore ile yaptığımız maçın daha başında, ilk dakikasında, ilginçtir, performansının yavaşlamasından şikâyet edilen Hakan Şükür, 11.inci sâniyede kaydettiği gol ile, yalnız Dünyâ Kupasında değil, daha birçok küresel, ulusal ve mahallî futbol liglerinde bile kırılamayacak bir rekora erişmiştir! Oyundan 3-2'lik bir gâlibiyetle ayrılmamızı düşünecek olursak, futbolda, "son sâniyeler" kadar, "ilk sâniyeler" in de değerini vermemizin faydalı olacağını düşünmek gereklidir.

Yine konser için sıra beklenen bilet gişesi örneğine dönersek, sıraya, saniyeler farkı ile arkamızdakinden önce girmemizin, son bileti satın almamıza yaradığını kanıtlarız. Demek ki, şansımızı yalnız son sâniyelerde değil, ilk sâniyelerde de aramamız gerekmektedir.

Futbolda, maalesef, oyuna ne kadar hızlı başlanırsa başlansın, daha oyunun 90 artı dakika süresinin bulunması, futbolculara maçın sonlarındaki kadar "umutsuzluk" vermeyeceğinden, bir "motivasyon kırbaçlama" sına yöneltmeyeceğinden, oyunun rahatlatılmasına ve "hoşgörü" ye yol açabilir.

Yazar merak etmektedir, bu gün kaç tane teknik direktör, oyuncularına, "ilk dakikaların, son dakikalar kadar önemli olduğunu" bildirmektedir?

Yine, kaç antrenör, oyuncularına, ". . . eğer son anların şiddet ve acısını çekmek istemiyorsanız, ilk anlarda neticeye gidersiniz . . ." gibisinden direktiflerde bulunmaktadır? Gönül, futbolcuların maçın ilk 5 dakikasını da, son 5 dakikasında olabileceği derecede mücâdele ile geçirmesini arzu etmektedir.

Montréal'da yaşamakta olan eski futbolcu ve antrenör kayın birâderim Yüksel Tunca'nın bir arkadaşı, hepimizin ileri senelerimizdeki yaşamımızı tartışırken, ". . . artık bizlerin, oyundaki uzatmaları oynadığımızı" belirttiğini işittiğimde önce kendi-kendime gülmüş, sonradan işin ciddîyetini gözden geçirmiş ve bu analoji, sahalardan yaşama çekilen bu paralel, okunan kitabı yazmada bir esinleme olarak kayıtlanmıştır.

Kıssadan hisse:

Bir işin başında, sonundaki kadar dikkatli olalım . . . Elimizden geldiği kadar birşeyin hallini son dakikalara bırakmayalım . . . Bıraktığımızda da, umutla, arzu ile, çıkan aksiliklere aldırmadan, son sâniyeye kadar mücâdelede kusur etmeyelim . . . İlk'in bir son, son'un da bir ilk olabileceğini bilelim . . .

İlk dakika . . . Son dakika . . .

Unutmayalım!

HÎLE VE ŞİKE

FB TARAFTARLIĞINDAN İSTİFA

Târih 1 Ekim, 2005'i göstermektedir . . .

Fenerbahçe, Konyaspor ile, Konyaspor Sahasında, Süper Ligin 2005-2004 sezonunda karşılaşmakta idi . . .

Konyaspor, Ceyhun'un 17.nci ve Murat'ın 31.inci dakikalarda kaydettiği gollerle, devreyi 2-0 önde kapamıştı . . .

İkinci yarıda da, Fenerbahçe aynı kötü oyunu oynuyor ve oyunun bitmesine 19 dakika kala, herkes netîcenin değişmeyeceğini düşünüyordu . . .

Bu, 71.inci dakikada, Konyaspor kalesi önünde havaya sıçrayan Fenerbahçe forvetlerinden Anelka, herkesin gördüğü bir şekilde elle topu ağlara gönderiyor ve . . . Hakem Özgüç Türkalp de golü "geçerli" olarak veriyordu!

Konyasporlu Erhan, Yâsin ve Ümit ajite bir şekilde hakeme koşuyorlar, heyecan, öfke ve endîşeyle, golün elle yapıldığını bildiriyorlar, davranışlarından dolayı da hepsine hakemce Sarı Kart çıkıyordu!

Burada Konyaspor, halâ 2-1 ilerde olduğunu unutuyor, soğuk kanlılık kullanarak, şoku atlatmaya gideceğine, maçı böyle bitirmeye yöneleceğine, yapılan bu haksızlık ile moral çöküntüsünde dağılıyor, 5 dakika sonra Nobre'nin ayağından da berâberlik gölünü yiyordu!

Artık Konyaspor sahadan silinmişti ve takımın sahadaki performansının izlendiğinde, manevîyatının bozukluğunu algılamak için yeterlilik sınavını geçmiş bir psikiyatrist olmak da gerekmiyordu!

Bundan 11 dakika sonra, yine Nobre Konyaspor ağlarını kaldırıyor, arkasından da Anelka, 90.ıncı dakikada, bu sefer ayaklarını kullanarak durumu Fenerbahçe lehine çeviriyor, takımının Konyaspor deplasmanından da 4-2 galibiyetle ayrılmasını sağlıyordu!

Şimdi . . .

Bir takımın, hem de açık farklı olarak mağlup durumda iken, arkadan gelerek galip bile çıkması, sahalarımızda az görülse de rastlanmamış bir olay değildir ve İkinci Bölümde, seçilmiş maçlardan bâzıları da bu fenomeni yansıtacaktır. Burada önemli olan, Fenerbahçenin ilk attığı gölün geçer olmamasına rağmen hakemce verilmesi ve Konyaspor'un, herşeye rağmen oyunda kontrolü kaybetmemesinin gerekmesine ve beklentisine rağmen moralce çözülmesi, bu dağılmadan faydalanan ve o zamana kadar da hiç bir şey yapmamış olan Anelka ve Nobrenin fırsatçılıklarıyla maçı haksız bir şekilde alıp-götürmesidir . . .

Evet, bu târih, Yazar'ın, Fenerbahçe taraftarlığından istîfa ettiği gündür!

Niye diyeceksiniz . . .

Yazar, koyu Fenerbahçeli olan Rahmetli Babası ve Ağabeyisinin etkileriyle, daha orta-okuldan gönül verdiği, sarı-lâcivertli renklerin donattığı bu büyük, şerefli, görkemli, saygı duyulan, sevilen, âşık olunan takımın, "üç puanı alalım da, nasıl alırsak alalım . . ." felsefesinde, herkesin gördüğü geçersiz bir gole tenezzül etmesini kaldıramamıştır da, ondan!

Yazar, Sarı Kanaryaları, Cihat, Küçük Fikret, Mehmet Ali ve Erol'un kramponlarını astıkları devirden sonraki Burhan, Feridun, Nedim, Akgün, zamanlarından, Can, Şeref, Lefter, Basri günlerine taşımış, Şenol, Birol, Nedim ve Selimle devam etmiş ve Amerika Birleşik Devletlerine gidinceye kadar izlediği sezonlarda Yavuz, Cemil, Osman ve Ziyâ ile teslîm etmiştir. Bu büyük futbolcularla haşır-neşir olmuş, Fenerbahçenin maçlarını ve olaylarına dâima öncelik tanımış, 15 seneden fazla bir zaman Fenerbahçenin "âşığı" olarak, tribünlerde yer almıştır. Amerikaya 1970'lerin başında gelmesinde, o zamanın teknolojisinin yetersiz kalması—TV'un olmaması, İnternet'in bulunmaması, uluslararası telefonların bile günleri beklemekle yapıldığı bir devirde, Türkçe gazetenin-derginin ulaşmadığı bir yerde, zamanımızdaki kebapçısından profesörüne kadar Türkiyeden birçok gelenlerin aksine, o devirlerde hiç bir memleketliye rastlanmadığı dekatlarda, Fenerbahçe ilişkisi kaybolmuş ama ilgisi hiçbir zaman dinmemiştir. Son iki dekattaki küresel teknolojinin gelişmesiyle, kaybettiği sevgilisine yeniden kavuşmuş, hiç olmaz ise Amerikada yayın yapmaya başlayan Türk TV programlarının spor kanalından maçları anında izlemeye girişmiş ve hem de, İnternet yardımcılığının yanında, bu beldeye Türkiyeden akın akın gelmeye başlayanlarla yeniden "maç havalarını" yaşamaya ulaşmıştır.

Konyaspor maçı, onu uzun uzun düşündürmüş, Fenerbahçeyi, âdetâ, kendine, "3 puan" için, "3 kuruş para" için, başkasının hakkını yiyen, yetim-öksüz-dul maaşından çalan, haksızlık içinde ihânet eden bir sevgili olarak görmüş ve büyük bir düş kırıklığına uğramıştır!

O târihten bu yana, 6 sene sonra bile, konu ile ilgili hüsrânı ve hicrânı dinmemiş, bu kadar sevdiği, saydığı, güvendiği ve taptığı bir fenomenin, küçük hesaplar ile uğraşarak çiğ,
düşük ve aşağılık bir düzeyde rahat rahat
işlev verebilmesinin şaşkınlığını halâ
üzerinden atamamıştır.

Futbolda da, her spor dallarında görülen haksız kazanma-kaybetmeler az değildir. Hakemlerin de, tabii, bu sonuçlardaki etkileri tartışma götürmez ama buradaki durum değişiktir.

Örneğin, bir maç, 0-0 devam etmektedir . . .

Son dakikalara yakın olarak, cezâ sahasında düşürülen oyuncu, takımına penaltı kazandırmıştır. Savunma takımındaki oyuncular, hemen hakemin etrâfını çevirmiş, bunun penaltı olmaması gerektiğini anlatma uğraşısındadırlar. Hakem, tabii ki, kararını değiştirmez, penaltı kullanılır, gol! . . . ve bahsedilen takım maçı alır, gider . . .

Her futbolsever okuyucu, bu târife uyan maçlardan birkaçını hemen anımsayabilecektir.

Mamafih, bu gibi maçlarda, hem maç sırasında izleyenlerce ve hem de maç sonrasında TV programlarındaki tartışmanlarca, hareketin penaltı mıydı, değil miydi panelinde sirküle edilen fikirlerde %50-%50 katılımları izlenir. Diğer bir deyişle, izleyen-tartışan grupların yarısı "penaltı idi" görüşünü savunurken ve "niye penaltı idi" yorumunu açıklarken, diğerleri de, "penaltı değildi" gözden geçirimini ve "niye penaltı değildi" açılımını gözler önüne sererler.

Konyaspor-Fenerbahçe maçında olanın ise, "elle atıldı mı, atılmadı mı?" gibi bir tartışım taşıyamayacağıdır. Elle atılmıştır!

Peki, elle atılıp ta sayılan başka gol yok mudur?

Tabii ki, vardır ve içlerinden en "meşhur" u da, "Tanrının Eli" olarak tanımlanan goldür!

Târihler 22 Haziran, 1986'yı gösterdiklerinde, kendimizi Arjantin'in, İngiltere ile Dünya Kupasının derlendiği Mexico City'de oynadığı yarı final öncesi karşılaşmada bulmaktayız. Maçın 51'inci dakikasında Maradona'nın yürüttüğü bir akında, ver-kaç'tan sonra kaleye havadan gelen topa çıkışını ve "kafa şutu" ile İngiliz kalecisini mağlûp etmesini izliyoruz. Kendi kendimize, "vay canına . . ." diyoruz, "Maradona ufak-tefek biri, bu kadar havaya nasıl yükseldi de kaleciyi mağlûp etti?" diye soruyoruz. Sonradan öğrendiğimize göre, Maradona, Kaleci Shilton'un bile farkında olmadığı bir pozisyonda, çekilen resimlerde kanıtlanan ve kendisinin de itîraf ettiği düzeyde topa eliyle vurmuş, "hentbol golü" kaydetmiştir!

Yasa dışı hareketlerde, davranışlarda ve tutumlarda bulunan bir kişi, eğer câhilse, aşağılık ise, kültürsüz ise, pespâye ise, ayaktakımı ise, şerefsiz ise, düşük ise, kaypak ise, âile-komşuluk-toplum-iş-din-millet-etnik değerlerini takmıyan bir kimse ise, insanlığa hiç bir katkısı olmadan parazit bir şekilde yaşıyor ve geçiniyor ise, ve hele hele yetenekli bir birey de değilse, işlediği suçları kabullenmemiz kolay olur. Bununla berâber, Maradona gibi, gelmiş-geçmiş en büyük futbolculardan sayılan, sahada onca itilip-kakılıp-düşürülmesine-faul yapılmasına rağmen rakiplerine hiçbir tepki göstermeyen, tepkisini iyi oyuna odaklandırarak genç futbolculara da modellik eden, milyonlarca hayrânı tarafından sevilen ve sayılan bir futbol efsânesine bu yakışmakta mıdır?

Arjantin'in 2-1 kazandığı ve semifinal-final maçlarında da galebe çalarak o sene Dünya Kupası şampiyonu olduğu bu turnuada Maradona'nın attığı ikinci gol, sonraki senelerde, FİFA'ca, "Asrın Golü" olarak ödüllendirilecektir. Maçın sonuna doğru, Maradona'nın, kendi sahasında aldığı top ile, 60 metreyi, 10 saniyede, 5 İngiliz oyuncusunu tek başına arka arkaya sıraya dizerek driblingi ve Shilton'u mağlup eden skoru görülmemiş bir zerâfet ve yetenek ürünüdür . . .

Şimdi . . .

Bu kadar zârif ve yetenekli bir futbol "ilâhından," birinci goldeki dalaveraya tenezzülü, sıradan bir hırsız felsefesi uygulanımı beklenmeli midir?

Tekrar Konyaspor-Fenerbahçe maçına dönelim:

Golü elle atan Anelka'nın futbol ve toplum ahlâkını burada tartışacak değiliz.

Maradona'nın hentbol golünün aksine, bu elle gol atmayı statta herkes izlemiştir!

Hakem için de yorumlamamız konu değildir. Hakem görmediyse, hakemlik yeteneği, gördü de golü yine verdiyse, futbol ve toplum ahlâkı söz konusu olur.

Burada konu, futbolcusu ile, teknik direktörü ile, idârecisiyle ve seyircisiyle, bütün Fenerbahçe camiâsının bu geçerli olmayan golü ve de moral çöküntüsünün rakibini dağıtmasından faydalanarak maçı almasını nasıl kabul ettiğidir!

Tabii, sonucu, herkes ". . . canım, hakem nizâmi saydı, geçerli gördü . . ." felsefesinin arkasına sığınarak galibiyeti haklı çıkarma davâsını teknik olarak savunabilir. Mamafih, spor, yalnız teknik olayların süregelmesiyle oluşan bir alan değildir. İşlevin, insanı insan yapan, yapması gereken ahlâk boyutunda da sergilenmesi beklenmektedir . . .

. . . hiç olmaz ise, yaşlı, eski koyu, yeni "açık,"
şimdilerde emekli Fenerbahçe taraftarı Yazar
böyle düşünmektedir.

Yazar, o zaman Kulüp Başkanı olan Aziz Yıldırım'dan, maç sonrası günlerce toplumda, medyada ve kamu oyunda tartışılmaya devam eden olaylara bir son vermesini, bir babayiğit-kabadayı-ağabey gibi ortaya çıkıp, ". . . arkadaşlar . . . evet hepimiz gördük . . . hakem golü geçerli saydı . . . ama vır-vır'da, dır-dır'da devam edecekseniz,

Fenerbahçe'nin ahlâkına söz ettirmem . . . hodri meydan, maçı tekrarlayalım . . ." diye, "yağmasa da, gürlemesini" beklerdi!

Bir Kulüp Başkanı olarak böyle geçerli olmayan bir gol ile, rakip takımı çözüp, maçı haksız bir şekilde alıp-gitmede bir problem olmadığını kanıtlamasının, oyuncularına, teknik direktörlerine ve seyirciye verdiği mesajdan acaba haberi var mıydı;

Haberi var ise, aldırmakta mıydı?

Yazarın maçtan sonra konu üzerindeki tartışmaları esnâsında, birçok Fenerbahçeli arkadaşı, ". . . canım, Konyaspor da bozulmasaydı, çözülmeseydi . . . oyununu oynasaydı . . . hâlâ gâlip durumda idi . . . dağıldılarsa,
Fenerbahçe de fırsatlardan faydalandı ise, kabahat Fenerbahçenin midir?" şeklindeki rasyonalizasyonları boyutunda duyduklarına da inanamamıştır!

Gelelim, sahadaki hîle-şike'den, toplumdaki "hîle ve şike" kapsamlarına paraleller çekmeye . . .

"Dünyânın en eski mesleğinin hayat kadınlığı" olduğunda çok kimse hemfikirdir. Literal yönden doğru olabilir ama figüratif açıdan, hakîkatin tümü değildir.

Hayat kadını, bedenini, para karşılığı
satma mesleğindedir. Mamafih, hiç bir kadın bu
"kariyeri" kendi isteğiyle, arzusu ile edinmemiştir. Kötü, köksüz, kökensiz yetişimlerden, ekmek parası sıkıntılarına kadar, tâcizden, tehditten, eğitimsizlikten, kimsenin elinden tutmamasına kadar çok zaman çâresiz kalınımın bir sergilenmesidir (Tabii, AngloSakson literatüründe "High class call-girls" denilen, yüksek sosyetede, büyük mevkii-para-kuvvet sâhibi edilme karşılığında, teklif karşısında gözünün kestiğiyle, istediğiyle berâber olmayı kabul eden "yaşam kadınları" bu kategorilere dâhil değildirler). Onun için yazar, her an ne idüğü belirsizlerle üç kuruş için berâber olma dehşetini yaşayan bu hanımlara karşı büyük bir hassâsiyet ve hüzün beslemektedir.

Peki, mevkii-para-kuvvet sâhibi edilme karşılığı bedenini satmada değil de, fikrini, zikrini, ideallerini, arzularını, düşüncelerini, inançlarını değiştirenlere, şerefini, ahlâkını, geleneğini-göreneğini satmayı "meslek" edinenlere nasıl bir kategori derlenecektir?

Semâvî dediğimiz İbrâhimsel inanç sistemlerinde yansıtılan Âdem ile Havvâ'nın çocuklarından olan Kâbil'in, kardeşi Hâbil'i öldürmesinden bu yana, insanlık sebepli olsun, sebepsiz olsun suç işleme ile donanmıştır. Dolayısı ile, hayat kadınlığı, "dünyânın en eski mesleği" değildir. Kürenin en eski kariyeri, "suç işleme" dir! Bunun da üstünde, işlenilen suçtan sonra, suçu işleyenin, hiç birşey olmamış gibi geceleyin rahat uyuyabilmesidir!

Kıssadan hisse: Suç işleme olasalığı hepimizde bulunmaktadır. Yetenek ve güzellik, suçu işledikten sonra pişman olmamız, onu affettirme peşinde koşmamız ve bir daha da aynı suçu işlemeye yanaşmamamızdadir.

OYUNDA BAŞLAMA-DURMA-DURMAMA-BİTME

YAŞAM

Futbolu, geçirilen 90 artı dakikayı, olayları ve atmosferi doğumumuzdan ölümümüze kadarki bütün yaşamımızla özdeştirebileceğimiz gibi, yaşamımızın bir devri ve hattâ bir mevsimi, ve hattâ hattâ bir günü gibi bile düşünebiliriz . . .

Oyunun başlangıcı (Bir işi uygulamaya geçmemiz) . . . Takımımızın galebesi (Bir işi başarıyla tamamlamamız) . . . Takımımızın mağlûbiyeti (Bir işi başarısızlıkla sonlandırmamız) . . . Maçın oynanırken seyirci taşkınlığı ile yarıda kalması (İşimizde beklenmedik bir aksiliğin çıkması ile ara verme gereksinimi) . . . Maçın hava şartları yüzünden başlamadan tâtil edilmesi (İşimizde beklenmedik bir aksiliğin çıkması ile başlangıç bile yapamamamız) . . . Takımımızın penaltı atışı kazanması (İşimizde kırk yılda gelen bir şansın yarattığı umut) . . . Karşı takımın penaltı kazanması (İşimizde kırk yılda gelen bir şanssızlığın yarattığı korku) . . . Serbest vuruş (Koşmadan-koşturmadan bir nefes alma ile kuvvetli ve zayıf durumların çabucak gözden geçirimi) . . . Taç atışları (Yaşamda hemen verilmemesi gereken kararlamada, daha iyi düşünme için yer ve zaman aranımı) . . . Avantaj (Aksiliklere rağmen, onlara odaklanma yerine işimize devam etme) . . . Oyuncu çıkarma-sokma (işimizde denenmiş ama tutmayan fikirleri ve uygulamaları değiştirme) . . .

Görüldüğü üzere liste epey uzundur . . .

İkinci Bölümde, târihteki ilginç maçlardan örnekler verilerek, yaşamımıza çekilecek paralellerde, bu sefer pratik değerler gözden geçirilecek ve yaşamımızdaki olumlu etkenleri tartışılacaktır.

TÜRKİYE 3—MACARİSTAN 1

LİSZT'İN MACAR RAPSODİSİ-MOZART'IN TÜRK MARŞI

Yazar, İkinci Bölüme, Millî Takımımızın târihine belki de en büyük zaferlerinden biri olarak geçmiş bulunan maçla başlamak istemektedir.

Türkiye 3—Macaristan 1 İstanbul, Türkiye 19/2/56

Ulusal Takımımızın son dekatlardaki birçok başarıya imza atmasına şâhit olan zamânımızın genç kuşak futbolseverleri, bunu küçümseyebilirler.

Gol skoruna bakarak, "Eh, ne olmuş yâni?" diyebilirler . . .

Öyle ya, biz bunları, 1995'te 2-0, 2006'da 1-0 ve 2007'de, en son oynanan maçta da, 3-0 yenmedik mi?

Gelin, bu büyük başarıyı algılamamız için, zaman makinasına binerek, 1940'ların sonlarından, 1950'lerin ortalarını aşan devreye gidelim:

Bir Macar Millî Takımı ki, İkinci Dünyâ Savaşında önce Almanların Nazi doktriniyle mağdur olmuş, sonra da Rusların Komünizm ideolojisiyle sindirilmiş, harbin içinden yıkık-dökük şekilde çıkmış bir memleketin ürünü . . . Az bir zamanda, birçok yetenekli ve de eğitimli futbolcuyu bir araya getirerek öyle bir 11 oluşturmuşlar ki . . .

Mayıs 14, 1950 yılından, İstanbul'da 19 Şubat, 1956 târihinde Türkiye ile yaptıkları karşılaşmaya kadar geçen zamanda, 41 maçta 34 galibiyet, 6 berâberlik ve 1 maglubîyetleri bulunmakta . . .

Tek mağlûbîyetlerini de Federal Batı Almanya karşısında, 1954 Dünyâ Kupası finalini oynarken almış durumdalar: 2-3 (Bizdeki maçtan sonra Macar İhtilâlinde takım tamâmen dağılmıştır)).

İngiltere'yi, 1954 Dünyâ Kupasına hazırlık maçları düzeyinde, o zamana kadar kendi Wembley sahasında hiç yenilgi görmemiş olan futbolun mûcitlerini, 1953'te 6-3'lük bir skorla sahadan silmişler, revanşta da, Macaristanda 7-1'lik bir yenilgiye uğratmışlardı . . .

Her önüne gelene o kadar fazla gol çıkarmakta, kaydetmekteydiler ki, Avrupa'da, "Futbasketbol" takımı olarak anılmaya mizah olmuşlardı. Bu zaman zarfında 167 gol atıp, 50 gol yemişler, averajda, her yedikleri gole, üç'ten fazlasıyla cevap vermişlerdi (Birinci Bölümde tartışılmış olan futbolda atak-yaşamda girişim tarafına daha öncelik tanıyan bir oyun tarzını benimsemişlerdi). O zaman, hiç bir millî futbol takımının böyle bir averaj üstünlüğü bulunmamaktaydı.

"Macar takımının yetenekli olmasının yanında bir de eğitimli bulunmasından bahsettin, o da ne demek oluyor?" diye soracaksınız . . .

Macar Millî Takımını oluşturan oyuncuların çoğu, futbolun yanında asıl mesleklerini yüksek eğitimden edinmiş bulunmaktaydılar. Aralarında millet vekili, doktor, albay, kimyâger, mühendis gibi mevkiini sağlamış olanlar çoğunluktaydı. Yalnız o devirde değil, zamânımızda ve belki gelecekte de bir daha şâhit olunamayacak eğitimdeki bir kümeydi!

Macaristan, İsviçre'de derlenen 1954 Dünyâ Kupası finallerinde eleme maçlarında Güney Kore, Almanya ve bizle bir gruba düşmüş ama o zamanki kurallar gereğince karşılaşmamıştı. Türkiyeye iki sene sonra yapılan bu ziyâret, biraz da iki takımca "tamamlanmamış" bir turnuayı telâfi etme amacını da gütmekteydi.

Türkiye ise, 1954 Dünyâ Kupasındaki ön grup maçlarında Güney Kore'yi 7-0 yenmesine karşı, yine o zamânın kuralları gereğince Federal Batı Almanya ile oynanan maçlarda 1-4'lük ve 2-7'lik skorlarla elenip yurda döndükten sonraki iki seneye yakın olan zamanda kendi halinde, mütevâzı bir grafik çizmiş, bâzı maçlarını almış, diğerlerini berâbere bitirmiş, bâzılarında da mağlûp olmuştu. Bununla berâber, Macaristana karşı "zafer" kazanılmasının düşlerimizde bile yer almamasının yanında, en iyi niyetli futbolseverler bile bir berâbere kalabilmeyi düşünemiyorlar, takımın ellerinden geldiği kadar az gol yiyerek bu müsâbakayı tamamlamasını diliyorlardı. Seyircimiz, zamânımızdaki beklentilerimizin aksine, "takımımızın güzel oyununu izleme" ve/veyâ galîbiyet tatmanın zevkine erişme uğrunda destekleme için statta bulunma yerine, o devirde, yaşayan efsâne hâline dönüşen "Magical Magyars—Sihirbaz Macarları" görmenin, keyifle seyretmenin merâkındaydı.

Macar Millî Takımı, 3 Şubat, 1956'da İstanbul'a gelmişti ama ne geliş! O haftalarda İstanbul'u da etkisi altına alan şiddetli kış, Mithatpaşa-İnönü stadına 70 santime ulaşan karı boşaltmış, her tarafı felç etmesinin yanında, şehirde yiyecek-içecek kıtlığına götüren bir durum bile oluşturmuştu. Stadın, bu beklenmedik durumu ve o zamanın ilkel temizleme metodlarıyla maç gününe yetişmeyeceği anlaşıldığından ve Macar Millî Takımının tek seçicisi Sebes de, bu seyyâhati boşuna yapmış olmamaları için hemen geri dönmeye yönelmediğinden, oyun, 19 Şubat'a ertelenmişti. Bu zamânın değerlendirilmesinde de, Macarların, kışın şiddetini İstanbul kadar yaşamamakta olan İzmir ve Ankara bölgelerinde, o zamanki takımlarla maçlar yapmalarına karşılıklı olarak karar verilmişti. Macarlar, bütün masrafların Türkiye Futbol Federasyonunun öncülüğünde bizlerce karşılanmasına çok mutlu olmuşlar, duygularına, tek seçicileri Sebes, "Türk kardeşlerimizin bu misâfirperverliği ve bizleri her gün ziyâfetten, ziyâfete ağırlamalarına bir karşılık gösterememekle utanmaktayız, karşılığını bir futbol ziyâfeti ile vermeğe çalışacağız" şeklindeki demeci ile tercüman olmuştu.

İzmir'de, İzmir-Budapeşte Karmaları olarak derlenen birinci maçta Macarlar 8-1 gâlip geliyor (Tek golü de, kaza sonucu kendi kalelerine yolladıktan sonra devreyi 7 gol ile kapatmalarının arkasından, ikinci devrede, her halde artık ayıp olmaması için orta sahada bir antreman şeklinde yürüttükleri oyunda bir gol daha atarak fırtınaya son veriyorlardı). Mamafih, aynı takım ile sonraki ikinci maçta ise, yeni bir fırtına estirerek 11-0'lık bir galîbiyet kaydediyorlardı!

Bundan sonra Ankara'ya geçerek gerek Budapeşte-Ankara Karmaları maçında ve gerek ise, İstanbul'a döndüklerinde, Budapeşte-İstanbul Karmaları karşılaşmalarında artık "astronomik" sayıda gol kaydetmekten vaz geçiyorlar, mütevâzı oyun kurma ile az sayıda gol atarak bu müsabakalarda da, seyircilere söz verdikleri futbol ziyâfetlerini arka arkaya sunuyorlardı.

Nihayet, 19 Şubat günü gelip çatmıştı!

Futbolseverler, bir gün önce, yatak-yorgan stat etrafında gişelere yönelik sıralara girmişler, yerleşmişler, soğuğa rağmen, yemekli-içkili-şarkılı-türkülü bekleyişle gecelemişler, maç saatinde de oyunun başlamasından çok önce, tribünleri hınca-hınç doldurmuşlardı.

Macar millî takımı, Farago-Buzansky-Lantos-Sjoska-Bozsik-Kotasz-Toth II(İkinci devrede Csordas)-Machos-Tichy(31.inci dakikada Hidekguti)-Puskas-Czibor tertibinde idi.

Kafa golleriyle meşhur olan Kocsis, hastalığı sebebiyle Türkiye seyyâhatine katılamamış, Macaristanda kalmıştı (Oyun sonrasında, Kocsis'in takımdaki yokluğunun, mağlûbîyetlerinde bir etkisi olup-olmadığının sorulmasında, efsânevî futbol yeteneklerinin yanında olgunluğu ve efendiliği ile de tanınan Takım Kaptanları Puskas, Kocsis'in o günkü oyunda bulunmamasının başarısızlıklarına bir etki yapmadığını, o da olsaydı, Türk Takımının kendilerini bu oyunla yine yenebileceği cevâbını vermişti).

Türkiye ise, sahada, Tek Seçici Eşfak Aykaç'ın derlemesiyle Turgay(GS)-Ali(GS)-Ahmet(BJK)-Mustafa(Ankara Karagücü—Sâim(GS) 75.inci dakika—)-Nâci(FB)-Nusret(BJK)-İsfendiyar(GS)-Coşkun(GS)-Metin(GS)-Kadri(GS)-Lefter(FB) tertibinde yer almaktaydı.

Yugoslav Federasyonundan Stefanoviç'in yönelttiği maç başlar başlamaz daha 6.ncı dakikada İsfendiyar'in sağdan ortasına, sol açık mevkiinden kopup gelen Lefter voleyi çakmış, durumu 1-0 yapmış, stadyumda yer yerinden oynamıştı!

Macarların kalemize akınları Turgay tarafından önleniyor, 1950 yılında, Berlin'de Almanya'yı 2-1 yendiğimiz maçta kazandığı "Berlin Panteri" lâkabını hakkedecek şekilde gole izin vermiyordu.

Devrenin bitmesine yakın sol açıktan yanaşmakta olan Lefter'in düşürülmesiyle penaltı veriliyor, "Ordinaryüs" bir kere daha Farago'yu mağlûp ediyordu: 2-0 . . .

İkinci devrede, yine İsfendiyar'ın sağdan yaptığı ortaya bu sefer Metin'in sâniye-sâlise zamanlamasındaki muhteşem girişimiyle durum 3-0 oluyordu!

Macarlar, 81.inci dakikada, Puskas'ın ayağından şeref sayılarını kaydediyorlar ve maç, kimsenin inanamayacağı bir şekilde 3-1 bitiyordu . . .

Yazarın Babası Turhan bey ve Ağabeyisi Cemil bu maçı izleme zevkini tatmışlardı ve o akşam, maç dönüşü, yazar ve annesi Zehrâ Hanım ile Beyoğlu, Elhamrâ Sinemasında buluşmuşlardı. Yazar, Ağabeyisinin, kaydedilen golleri defâlarca, tekrar tekrar nasıl anlattığını bu gün bile anımsamaktadır . . .

Şimdi . . .

Yaşamımıza çekeceğimiz paraleller:

Bu maçı herkes bir "mûcize" olarak algılamıştı . . .

Yazar ise, bu sonucu, Türk Futbol Federasyonunun, Macaristan gibi, o zamânın en kuvvetli takımı ile oynamak için dâvet etmesindeki cesârete, Tek Seçicinin, karşı takımı çok iyi araştırmış ve tanımış olarak kendi takımında hangi oyuncuyu, nerede, nasıl ve ne kadar oynatması konusundaki deneyim ve birikimlerinin içgüdü ile beslenmesinin verdiği ürüne, oyuncularımızın sıkı ve disiplinli çalışmasına, yeterli hazırlıkta bulunmalarına, oyun içinde birbirlerine destek olmalarına, karşı takıma karşı sert ama aynı zamanda da centilmence sergiledikleri oyuna, izleyicileriyle, idârecileriyle, stattaki polis ve ameleleriyle, herkesin bir yürek olmasının verdiği uygulama yeteneğine bağlamaktadır.

Birinci Bölüm'de Yaşin'in verdiği söyleşide de dikkat çekildiği üzere, evet, "şans, kader, kısmet ve mucîzeler" oluşabilir ama "şansımızı, kaderimizi, kısmetimizi ve mûcizemizi" biraz da kendimiz yaratabiliriz. Anglo-Sakson kültüründe, "God helps those who help themselves" yâni, "Tanrı, kendi kendine yardımı dokunanlara yardım eder" söylentisi, bu görüşü sergilemektedir.

Yazar, zamânımızdaki maçlarda, oyuncuların açık-açık, binlerce izleyicinin önünde, göstere-göstere ellerini camii konumundaymış gibi yukarı kaldırarak, gözlerini kapatarak, dudaklarını oynatarak dua ettiklerini, bâzılarının ise gol attıktan sonra secdeye vardıklarını üzülerek izlemektedir. Bu oyunculardan olan forvetlerin gol kaçırdıklarında, orta sahada top kaptırmalarında, kalecilerin gol yediklerinde, Kırmızı Kart görüp, oyun dışı bırakıldıklarında ve hattâ teknik direktörlerce yeteneksizlikten dolayı oyundan alındıklarında, acaba dualarının kabul edilmemesinden dolayı düş kırıklığı yaşamakta mıdırlar? Yoksa, bu dindarlık sergilemesi bir şov'dan başka birşey değil midir? Duyulmayacak dua'ya Âmin mi demektedirler? Tanrı'yı, kendi takımlarının bir Amigo'su yerine mi koymaktadırlar?

Her oyuncunun, Yaradan'ına, maç esnâsında olası bir kazâ, belâ, hastalık ve sakatlıktan uzak kalabilmesi için kimseye reklâm etmeden, kendi-kendine duada bulunması hem beklenilir ve hem de desteklenilir ama Tanrı'yı yenmede-yenilmede etki sâhibi gibi görmenin dinle-diyânet ile ne ilişiği olduğu Yazarca bilinmemektedir!

Millî Takım, idârecisiyle, antrenörü ile, oyuncusu ile ve izleyicileriyle üzerine düşeni yapmış mıdır?

Yapmıştır!

Şansın, kaderin, kısmetin ve mûcizenin varlığı, bütün olumlu ve yapıcı tutum, davranış, hazırlık, bilgi, cesâret, yetenek, çalışma ve fedâkarlıkların doksan dakikalık oyun sürecinde bir araya gelmelerinde izlenilmektedir.

Türkiyeyi gâlip getiren 3 golün de yapılması ilginçtir.

İki gol, sağaçıktan gelen paslarla, bir gol de sol açık yönünden olan girişimle kaydedilmiştir.

Bu ne demektir?

Gerek eski, klâsik futbolda olsun, gerek ise yeni, modern futbolda bulunsun, hücumu açıklardan yapma karşı kale için dâima tehlike yaratmıştır. Buna rağmen, oyunun büyük bir kısmında sahanın bu bölgelerinde pek hareket görmeyiz. Strateji ve taktik ne olursa olsun, oyuncuların çoğu hep ortada, kalabalığın bulunduğu yerde işlev vermeye yönelirler.

Anglo-Amerikan kültüründe, "Think outside of the box" yâni, "Kutunun dışında düşünme" denilen ve geleneksel-göreneksel yapının problemlere çözüm getirmediği durumlarda, bu form dışına çıkılarak, yapıcı, innovatif yaklaşımların üretebileceği çözüm yollarının aranmasını yansıtan bir fenomendir.

Futbolda çoğunluğun ortada devamlı olarak ileri-geri oynamasına rağmen kilitlenme ile sonuç alınamaması bir "kutu" olarak kabullenildiğinde, açıklardan çalışmak, "kutu dışındaki düşünme" işlevinin metaforu olarak tartışılabilir.

Takımımıza gâlibiyeti getiren 3 gol de, bu "kutu dışında düşünebilme" yeteneğinin kullanılması ile kaydedilmiştir.

Kıssadan hisse:

Üstünden gelinemeyecegi düşünülen, zor, olasalıksız algılanan, çıkar yolu bulunamayan çok şeyde ummadık başarı sağlanabilir.

Herşeyden önce cessur olmamız, cesâretimizi çalışmamız ile zenginleştirmemiz, yeteneklerimizi de disiplin ile sağlamlaştırmamız gerekmektedir.

Ancak bizlerden bekleneni yaptıktan sonra, görevimizi yürütmede elimizden geleni ardımıza koymamamızı takîben de, işi, şansa, kadere, kısmete ve mucîzeye bırakmak yeterlidir.

Kendi çapımızda ulaşılacak-işlenecek herşeyi yerine getirmemize rağmen, yine de başarı gösterememişsek, hiç olmaz ise, içimizde hiç bir ukte'nin olmaması-kalmaması, ". . . ah, keşke şöyle yapsa idim . . . ah, keşke böyle yapsa idim . . ." kuruntusunun bizleri senelerce kemirmesinden kurtuluruz. Bu başarısızlıktan öğrendiklerimizi de, deneyim ve birikim boyutlarında, yeni girişimlerde aynı eksiklikleri kayıtlamaktan uzakta tutmakta kullanırız.

Problem çözümlerinde geleneksel-göreneksel boyutları denememiz olumlu-yapıcı sonuçları sağlayamıyor ise, tutucu yaklaşımların dışına çıkarak, orijinal, yeni, innovatif yolların gözden geçirimine açık olmamız fayda sağlayacaktır.

www.britishpathe.com/record.php?id=59408 veb

sitesinden bu tarîhî maçın kısa belgeseli gözden geçirilebilir.

O günlerin oyuncularını da, teknik direktörlerini de, idârecilerini de, futbolseverleri de sevgi ve saygı ile anıyor, teşekkürlerimizi takdîm ediyoruz.

ABD 3—ALMANYA 2

KENDİ KALESİNE ZARAR-KARŞI KALEYE KARAR

Futbolun, hanımlar arasında başlamasının, gelişmesinin, yayılmasının ve popülarite kazanmasının kürede ancak iki dekatlık bir târihi olmasına rağmen zamânımızda beylerin oyununa rekâbet etmeye başladığı ve gelecekte de devam edeceği şüphesiz görünmektedir.

Hanımlar, başta olimpiyat rekâbeti izlenmek üzere, erkeklerden aşağı olmadıklarını birçok spor dallarında kayıtlamış ve kanıtlamışlardır.

Futbolseverler arasında, "Canım, futbol erkek oyunudur . . . matmazel oyunu değildir" gibisinden söylenenlerin, gün geçtikçe azaldıklarını izlemekteyiz.

Eskiden, bâzı antrenörlerin, iyi oynamayan takımlarını eleştirirken, "Ya, erkek gibi değil, kızlar gibi oynuyorsunuz, aklınızı başınıza toplayın . . ." örneği yargılarını artık pek duymamaktayız.

Hanımlar, 1991 yılındaki ilk Dünyâ Hanımlar Futbol Şampiyonasının kurulmasından, Olimpiyatlarda da hanım futboluna yer verilmesiyle, kadınların da futbolda söz sâhibi olduklarını devamlı olarak izlettirmektedirler.

Maalesef, memleketimizde, bu momentum daha yakalanamamıştır. Belki Doğu Kültürünün etkilerinden, belki bir Akdeniz memleketi olduğumuzdan, belki de diğer sebeplerden, hanım futbolu, daha promosyana yöneltilememiştir.

Yazarın, Türkiyeyi ziyâretlerinde, ABD'deki hanım futbolunun gittikçe popüler olmaya başladığını yakınları ile tartıştığında ve hanım futbol maçlarında tribünlerin hiç boş kalmadığını gündeme getirdiğinde, etrâfınca mizaha kaçılmış, tribünleri dolduranların, futbola değil, kızları-kadınları koşarken, düşerken, atarken, tutarken izlemeye geldiklerini, cinsel olarak doyuma ulaşmada bir eğlenti olarak algıladıklarından tribünleri doldurduklarının spekülasyonlarında bulunulmuş, yazarı da epey düş kırıklığına uğratmışlardır!

Kadına hep bir "cinsel obje" olarak bakılırsa, hiç bir mevkii ve işlevinin ciddiyete alınmaması gerekir. Zâmanımızda "seksist" yâni "cinsel ırkçılık," çirkin yüzünü, spor dallarındaki tutum ve davranışlarda da göstermektedir.

Bu gün, dünyâda hem uluslar arası ve hem de bölge liglerinde hanım futbolunun gün geçtikçe geliştiğini görmekteyiz. Başta Almanya, Norveç, Çin, ABD, Kanada, Japonya, İngiltere, Brezilya olmak üzere birçok memleketlerde ilk okul-orta okul-lise-üniversite/kolej düzeylerinde ve kümelerinde hanım futbol maçlarının artan popülaritesi, profesyonel liglerin de kurulmasına ve yürütülmesine yön vermiştir.

Burada gözden geçireceğimiz maç ta bu boyutu yansıtmaktadır:

Târihler 1 Temmuz, 1999'u göstermektedirler . . .

Hanımların, ABD'de derlenen 1999 Dünyâ Futbol Şampiyonasının Çeyrek Finalinde, ABD—Almanya maçındayız . . .

ABD, dörder takımdan kurulu dört kümeden grubundaki Nijerya, Kuzey Kore ve Danimarka ile yaptığı maçlar sonucu Grup birincisi olarak Çeyrek Finale kalmış durumda . . . Almanya da, grubundaki Brezilya, İtalya ve Meksika ile olan maçlarından sonra, Brezilya'nın ardından Grup ikincisi olarak çeyrek finale yükselmiş vaziyette . . .

İki takım da Yarı Finale çıkma sevdâ ve iddiasında idiler . . .

Mia Hamm kaptanlığında sahaya çıkan ABD takımı, bu 20 senelik hanım futbolu târihinde belki de en kuvvetli ABD ekibi olarak göze çarpmıştı . . .

Odağımız, geride bek olarak yer alan, zaman zaman da orta saha elemanı şeklinde ileriye açılma ile görevli Brandi Chastain . . .

Maç başlıyor ve ilk dakikalarda Almanların kuvvetli baskıları izlenmişti . . .

Gelen bir topu geri pas ile kalecisine verme telâşındaki Brandi, topu kendi ağlarında görmüştü!

Almanya, ABD'nin bu kendi kalesine attığı gol ile daha 5.inci dakikada 1-0 öne geçmişti!

ABD'den Tiffeny Milbrett, 16.ıncı dakikada durumu 1-1'e eşitlemişti.

Almanlar buna Bettina Wiegmann ile 45 artı 1'de cevap verince, devre, Almanyanın 2-1 üstünlüğüyle bitmişti . . .

İkinci devre başlar-başlamaz, daha dördüncü dakikada Brandi—evet, yanlış okumadınız, kendi kalesine gol atan Brandi . . .—ABD'nin, bir kere daha beraberliğini sağlamıştı: 2-2!

Amerikalı Joy Fawcett'in 66.ıncı dakikada kaydettiği gol ve 3-2 lik üstünlükten sonra Almanların çabası meyva vermemiş ve ABD, Brezilya ile Yarı Finali oynamaya hak kazanmıştı . . .

Brandi de, aynı maçta hem kendi kalesine ve hem de rakip kaleye gol atan yegâne oyuncu olarak futbol târihine geçmişti . . .

Yaşama bu maçla çekeceğimiz paralelden önce, okuyucuların, Brandi odaklı mâcerânın burada bitmediği hakkında bilgi sâhibi olmaları, maçın değerini daha da arttıracaktır:

Yarı finalde Brezilyayı da 2-0 yenerek geçen ABD, finali 10 Temmuz, 1999 târihinde, Pasadena, California'da, 90,125 kişinin doldurduğu Rose Bowl stadında, Norveç'i Yarı Finalde 5-0'lık bir sonuçla umulmadık hüsrâna uğratan Çin Cumhurîyetine karşı oynamıştı . . .

Her iki takım da dinamo gibi çalışmıştı ama . . .

. . . Birinci Devre'de gol yok . . .

. . . İkinci Devrede de gol yok . . .

. . . Uzatmalarda? Orada da yok!

Eh, kaldık mı penaltı atışlarına?

İlk atışı Çin yapmış, ABD cevap vermişti . . .

Çin devam etmişti, ABD cevapta devam etmişti . . .

ABD oyuncuları Carla, Joy, Kristine ve Mia (Kaptan) sıra ile attıkları bütün penaltıları sayıya çevirmişlerdi . . . Dört-dörtlük!

Çin Cumhûrîyeti oyuncularından da Xie ve Qiu sıradan birinci ve ikinci atışlarda başarılı olmuşlardı. Üçüncü atışı yapan Liu, ABD Kalecisi Brianna'yı mağlup edememişti! Dördüncü ve beşinci şutları çeken Zhang ve Sun ise gollere devam etmişlerdi . . .

Çin, 5'te 4 kayıtlamasındaydı . . .

ABD'nin 5'inci şansini deneyecek, cevâbını verecek olan da . . . evet, belki tahmin ettiniz: Brandi idi!

Kaçırırsa, yeniden karşılıklı bir 5 atış tekrar edilecek, kaydederse, ABD, 1999 Hanımlar Dünyâ Futbol Kupası Şampiyonu olacak . . .

Düdük, şut ve . . . gol! ABD şampiyon!

Brandi, sevinçten kendini yere atmış, dizleri üstünde iken, formasını çıkarmış, bayrak gibi sallamış, sütyen ile kapalı, adaleli bedeninin fotoğrafta sergilenimi, seneler sürecek ahlâk tartışmalarına, duble standart münakaşalarına, kadın-erkek panellerine, toplum mizâhına, ve sonunda, sahada "formasını çıkaran atlete Sarı Kart gösterilmesi" kuralının derlenmesine ve uygulanmasına da kaynak olmuştu!

Evet, dönelim ABD—Almanya maçından, yaşamımıza paraleller çekmeye:

Bir futbolcunun, şike anlaşması yapmasının dışında, kazâra kendi kalesine attığı gol kadar üzücü, utanç verici, suçluluk yükleyici bir olay yaşayabilmesi mümkün müdür?

Kişisel yaşamında, âile-akrabâ çevresinde, iş-çalışma sirkülerinde en dışlanacak, en cezâlanacak, en uzaklaştıracak bir hatâyı yapması, eksikliği izletmesi ve yanlışlığı sergilemesi gibidir.

Mamafih, bundan da daha önemlisi, etrâfının, kendisine göstereceği tutum ve davranıştır.

Bir çocuk masa başında yemek yerken döktüğünde, bir âile üyesi unutkanlığı ile âileye parasal probleme mal olacak zarar verdiğinde, bir işçi çalışma yerinde kullanım sistemindeki bilgisizliğinden dolayı makinaları bozduğunda . . . büyüklerince, ilgililerce ve etrâfınca ne gibi bir tepkiye uğramaktadır?

Çocuk çok zaman onuru kırılarak ve bâzen de tokat ile aşağılanır, âile üyesi alaylanır, öfkelenilir, işçi de zılgıtı, fırçayı yer, işten kovulmuyorsa hâline şükreder!

Peki, bu işin hiç olumlu ve yapıcı yaklaşımı yok mudur?

Vardır . . .

Çocuk, büyüğünce tesellî edilir, bir daha dökmemesi için ne yapması gerektiği hakkında deneyim sâhibi edilir, âile üyesine diğerlerince destek verilir, affedilir, işçi de sistemi bir daha doğru bir şekilde kullanması için öğüt arkasından yeterince eğitilir.

İyi de, maalesef, kültürümüzde bunu pek yapmayız. Âdeta, sadistik bir zevk alarak, yanlış yapanı, eksiklik göstereni, hatâda bulunanı bir küçümseme-küçültme, acımasızca alay etme, onurunu kırma, aşağılama ve mevkiinden etme merâkımız vardır! Bu daha çok yetişmemizde kendi özgüvenimizi sağlamamış olmamızdan ve altımızdakine de aynı özgüven kırıcı felsefeyle yaklaşım isteğimizden dolayıdır.

Bu "bağımlılık" derecesindeki "hatâlıyı küçük düşürme" merâkının, Batı Kültüründe pek tutulmadığını-kullanılmadığını görmekteyiz. Orada da cezâlandırmayı izlemekteyiz ama olay daha çok "siyah-beyaz" sâdeliğinde yürütülmekte, bizdeki misal, mutlaka bir iğneleme ile "renklendirilmemektedir."

Şimdi, Brandi'nin durumunu inceleyelim:

Daha oyunun başında kendi sebep olduğu goldeki hatâsından sonra Takımın Teknik Direktörü Tony DiCicco Brandi'yi oyundan almamış, sahada görevini değiştirmemiş, oyuncunun kendini göstermesinde bir şans daha tanımıştır. Takım Kaptanı Mia Hamm, kendi kalelerine giren bu golden sonra hemen Brandi'nin yanına koşmuş ve sarılarak tesellîde bulunmuş, diğer arkadaşları da etrâfında ona destek vermişlerdir.

Sonuçta, Brandi maçın geri kalan kısmında yalnız savunma-orta saha görevlerini yerine getirmekle kalmamış, ileri çıktığında yakaladığı fırsatı da değerlendirerek bir de gol kaydetmiş, hatâsını tâmir etmiş, telâfîde bulunmuş, sonunda kaydettiği sayının farkı ile Takımının kuvvetli Alman rakiplerini Çeyrek Final'de mağlûp ederek Yarı Final'e yükselmelerinde büyük bir rol oynamıştır.

Bu Çeyrek Finalde, daha oyunun başında kendi kalesine gol kaydeden oyuncu, Final'deki son penaltı atışında Takımının Şampiyonluğu kazanmasında son sözü söyleyen futbolcu olmuş, bu şekilde, takımına da faydası dokunmuştur.

Kendimize ve karşımızdakine güven, sporda olduğu kadar yaşamımızda da önemlidir. Burada hakîkate dayanan güveni, fantazi üzerine kurulmuş grandiöziteyle karıştırmamak gerekir. Kendi yeteneklerimiz düzeyindeki bir hatâda ne kendimizi suçlamamız ve ne de başkasını eleştirmemiz bir fayda sağlamamaktadır. Sağlıklı olan, yanlışı yapanı eğiterek, yapana destek vererek, bir şans daha tanıyarak, onun başarıda iddialı bir şekilde ilerlemesinde yardımı esirgememektir.

FENERBAHÇE 4—GALATASARAY 3

ÖNCE ÜÇLÜ ÖZLEME SONRA DÖRTLÜ GÖZLEME

Gerek Türkiyedeki liglerde, gerek küresel rekâbette, sonucun 4-3 olarak alındığı maçlar ender değildir. Zamânımızdaki modern futbol anlayışı ve uygulanımı, karşılıklı atılan bol gollü maçlara artık pek yer ve zaman tanımamakta ise de, yine şurada-burada böyle müsâbakalara rastlanılmakta ve futbolseverlere de keyifli izlenimler yaşatmaktadırlar.

Bununla berâber, örneğin, futbol istatistiklerinden 4-3'lük sonuçları kayıtlanmış 10-15 maç listelesek, gollerin daha çok karşılıklı olarak skorlandığını görürüz. Bir takımın ilk 45'te 3-0 öne geçmesi, arkasından da rakibinin daha fazla gole müsaade etmeden ikinci 45'te kaydettiği skorla maçı 4-3 alıp-gitmesi, pek te rastlanan bir olay değildir.

Şimdi okurlar, "Hep eskilerden dem vurup-duruyorsun, peki, İngilterede derlenen, 1966 Dünya Futbol Şampiyonasının Çeyrek Finalinde, Kuzey Kore'nin önce Portekiz'e karşı 3-0 öne geçmesini, arkadan da Eusébio'nun 4 golüne, Augusto'nun da 1 gol ile katılmasından sonra, maçı 3-5 vermesini unuttun mu? Bu 3-4'den de daha ilginç bir skor değil midir?" diye sorabilirler. Bahsi edilen maç, daha çok, Pelé'nin selefi olabileceği ileri sürülmekte olan futbol üstâdı Eusébio'nun, takım oyunundan ziyâde, "kendi şovu" olarak nitelenmişti. Portekiz, o senelerde iyi bir ekip olmasına rağmen, başarıdaki bütün umutlarını bu büyük oyuncuya bağlamaktaydı. Portekizin Şampiyonada yaptığı 6 maçın 5'inde gol çıkarması ve attığı 9 golle de turnuada Gol Krallığını elde etmesi bu hipotezin kanıtlanması olarak düşünülebilir. Ayrıca, Portekiz 2 gol de çıkararak devreyi Fenerbahçe gibi 0-3 ile değil, 2-3 olarak kapatmıştı.

Gelelim, üzerinde tartışacağımız ve 3 Mayıs, 1989 yılında, İstanbul, Ali Sâmi Yen Stadında, Galatasaray ile Fenerbahçe arasında oynanan Türkiye Federasyon Kupası Maçına:

Galatasaray, ezelî rakîbine, daha ilk devrenin 38.inci dakikasında, Tanju'nun "hattrick" yaparak, arka arkaya sıraladığı 3 güzel golü ile öne geçmiş, Fenerbahçe'nin bir türlü toparlanamadığı ilk yarıyı da rahat bir güven ile kapatmıştı.

İkinci Devrede ise tamâmen ayrı bir denge tartışımı izleniyordu.

Fenerbahçe, Aykut ve Hasan Vezir'in arka arkaya 4 gol sıralamaları, ve rakîbine de başka gol fırsatı vermemeleriyle, maçı 4-3 alıp, gidiyordu!

Birinci devrede bir takım oynuyor, ikinci devrede de öteki oynuyor . . .

Peki, birinci devre Fenerbahçe nerede idi?

İkinci devrede de Galatasaray nereye gitmişti?

Tenis sporu ve rekâbetinin, oyuncularca yeteneklerinin yanında aynı zamanda "psikolojik" atmosferi, kazanmalarına çevirmedeki nitelikleri üzerine kurulduğuna bağlı olduğu tartışmalar birçoklarınca kabul edilmiştir. Oyuncuların, maç içindeyken, çoğu kimseyi rahatsız etmeyecek ufak-tefek olaylar ile, oyunu iyi götürürken birden kötüye gitmeye başlamalarının, yine kötü bir oyun sergilemekte iken birden iyiye yönelmelerinin izlenimi de herkesçe bilinen bir gerçektir.

Acaba, teniste bir oyuncunun performansını bu kadar etkileyen "psikolojik" değişim, futboldaki 11 kişiyi de bir devrede aynı zamanda etkisi altına alabilir mi?

Diğer bir şekilde, "takım psikolojisi" nden ve "takım üzerinde izlenen olumlu-olumsuz etkisinden" söz edebilir miyiz?

Bir takım, birçok demografik nedenler dolayısı ile bütün bir maç boyunca formunda olur veya olmaz. "Efendim, takımın geçen hafta filanca ile yaptığı maçtaki oyunu nerede? Bu gün dökülüyorlar . . ." gibisinden açıklamalara alışığızdır.

Hattâ, "Efendim, takım birinci devredeki ataklarını, bu devre göstermiyor, bir durulma var . . ." gibisinden eleştirmelere de yabancı değilizdir.

Böyle maçlarda herşeyi alt-üst edecek sonuçlara da pek rastlanmaz, zâten . . .

Mamafih, iki devre arasındaki bu derecedeki performans farkının maç sonucunu etkilemesine ne diyeceğiz?

Oyunun, bir maçın iki devresinden daha çok, iki ayrı maç şeklindeki sergileniminde, psikolojik atmosferi gözden geçirmemiz fayda vermeyecek midir?

Galatasaray, sahasında misâfir ettiği ezelî rakibinin işini çabuk bitirmek istemiş, bunda da yarım saatten fazla bir zamanda başarıya erişmiştir.Galatasaray taraftarları ikinci devrede aranın daha da açılmasını, Sarı Kanaryaları 5-6 golle uğurlama umutlarını beslemeye başlarken, Fenerbahçe taraftarları da, "İkinci bir Ali Sâmi Yen fâciâsından(!)" nasıl kurtulacaklarının endîşesini yaşama geçirmişlerdir . . .

Devre arasında, tribünlerden birinde, bir kumarbaz çıkıp ta, ". . . gelin . . . gelin . . . Fenerbahçenin maçı 4-3 almasına ben 10 koyuyorum . . . yok mu 1 koyan?" dese . . . belki de oradan epey para yaparak ayrılırdı!

Şüphesiz ki, psikolojik durumun ikinci devredeki oyunu etkisi altına almasında şüphe yoktu.

Peki, hangi psikolojik durumdan bahsediyoruz?

Galatasaray'ın bu maçtaki antrenörünün Siegfried Held mi yoksa Mustafa Denizli mi olduğunu, Yazar anımsayamamaktadır. Mamafih, devre bittikten sonra, Galatasaraylı futbolcularla Teknik Direktörleri arasındaki iletişimden daha çok, Fenerbahçe Teknik Direktörü olan Vaselinoviç ile Fenerbahçeli futbolcular arasında geçtiği kanıtlanan tartışımın, belki de bu 180 derece değişikliğe yol açtığı düşünüle-gelmiştir:

Yansımalara göre, devre bitiminde skordan çok üzgün olan eski Yugoslav Millî Futbol Takımı Antrenörü Vaselinoviç'in, soyunma odasında oyuncularına, Galatasaray ile bir maç yaparak 3-0 kaybettiklerini, Galatasaray ile bir maç daha yapmak istediğini—ikinci devreyi, ayrı bir maç olarak algılaması çok ilginçtir!—sahaya çıkıp oynamalarını ve bu "maçı" kazanmalarını beklediğini, "birinci maçı" kaybettikleri için, zâten "kaybedecek birşeyleri kalmadığını," gönüllerinden ne geliyor ise öyle oynamalarını önerdiği, futbolcularınca da kanıtlanmıştır.

Kaybedecek birşeylerinin kalmaması . . .

İşte kilit "psikolojilenme!"

Bundan 40 sene evvel, Yazar, daha ABD'deki psikiyatri uzmanlık eğitiminin birinci senesinde iken, Yazar'ın hoca-mentorlarından Dr. Rouch, içinde Yazar'ın da bulunduğu 7-8 kişilik eğitimdeki asistanlarından, "en çok korkulacak kişinin târifini" yapmalarını istemişti.

Herkes de kendine göre cevaplamada bulunmuştu: Irz düşmanı, kâtil, terrorist, soyguncu, şerefini paraya satan, âilesini döven-söven, vs., vs., . . .

Hiç birini beğenmemişti . . .

"En çok korkulacak olan, kaybedecek birşeyi kalmayan kişidir!" diye de, hepimizin ağzını açık bırakmıştı!

Fenerbahçe ikinci devreye, "kaybedecek birşeyi kalmayan" bir takım olarak çıkıyordu . . .

Riske girecek, riziko'ya dikkat edecek bir durumu yoktu . . .

Bu psikodinami, endîşeyi, kaygıyı, korkuyu . . . ironi olarak . . . silmiş, kaybettirmişti!

Johan Cruyf'ün, ". . . her dezavantajın bir avantajı vardır . . ." sözüne gelerek, 0-3'lük dezavantajı, 4-3'lük başarıda avantaj olarak kullanacaktı!

İkinci devrede Aykut'un 1 kere, Hasan Vezir'in de 3 kere Galatasaray ağlarını kaldırmalarıyla, Fenerbahçe, maçı alıp gidiyordu!

İlginçtir, Fenerbahçeli Hasan, Galatasaraylı Tanju'ya "nazîre" yapar şekilde "hat-trick," 3 gol kaydı gösteriyor ve bu maç ta, istatistiklere, aynı oyunda karşılıklı "hat-trick" yapan iki oyuncunun sergilendiği maç şeklinde geçiyordu!

Şimdi, bu müsâbakadan, yaşamımıza paralel çekme zamânı gelmiştir:

Birinci paralel:

Çok ağır, altından kalkılmaz gibi görünen durumları, yine de lehimize çevirerek, başarılı olabilir miyiz?

İkinci paralel:

Bir uğraşı esnâsında beklenmeyen başarısızlığı, "bitim" olarak, "kaybedeceğimiz bir şeyin kalmadığı" fikrinde, yeni bir "başlangıç" oluşturabilir, başarıyı da burada arayabilir miyiz?

Âilede bir tatsızlık, belki de daha ciddî olan problemlerin çözümüne yardım edebilir . . .

Bir boşanma, bir dahaki evliliğin mutlu bir şekilde geçmesini sağlayabilir . . .

Bir sınavda sonuç alamamak, ondan sonraki atılımların, sınavla elde edilecek olanlardan daha kârlı bulunduğunu izlettirebilir . . .

İşimizi kaybetmemiz, ondan sonraki işte daha başarılı bulunabileceğimizi ortaya koyabilir . . .

Anglo-Amerikan kültüründe, ". . . things get worse before they get better . . ." yâni, ". . . olayların iyileşmeleri için önce kötüleşmeleri gerekir . . ." söylevi literatürde yer almıştır.

Bizim zorluğumuz, alıştığımız bir düzenin bozulma tehlikesinde panik yaşamamızdır. Eğer evrenin kuruluş ve devâmına bakacak olursak, herşeyin devamlı değiştiğini, bilinenlerin bittiğini, yeni bilinmeyenlerin başladığını izleriz. Yaşamımızı da, kendimize özel bir "mini-evren" şeklinde algıladığımızda, bu "eski bitim-yeni başlangıç" değişimlerini normal karşılamamız ve uyum yapmamız gerekecektir. "Eski bitim" i kabullenmeyip, "Eski başlangıç" ın devâmında ısrar edersek, durumumuz daha da kötüleşebilir.

Bu tabii, Ağustos Böceği örneği, birşeyin devâm ettiriminde, ondan-ona, işten-işe, ilişkiden-ilişkiye atlamamızın gerektiği anlamına gelmemelidir. Bir şeyde başarı göstermek için sebât, üzerinde durma, zorluklara rağmen devam etme tabii ki önemlidir ve en küçük bir sıkıntıda, "şıpsevdi" şeklinde hemen o işi bitirmeden başkasına geçmek sağlıklı olmayacaktır. Burada tartışılmak istenen, bir başarısızlıkta, işi değiştirmek değil, işin o fazını bitmiş kabûl ederek, aynı işe, bu sefer yeni bir açıdan-yerden-köşeden bakabilme, yeni bir "İkinci devre" oluşturabilme yeteneğidir.

Gözden geçirdiğimiz maçta, Fenerbahçe Teknik Direktörü Vaselinoviç, farkında olmadan bu konuyu işlemiştir. Eğer ikinci 45 dakikayı, birincisinin devâmı olarak algılasa ve oyuncularını bu şekilde yönlendirse, belki de Galatasaray daha 2-3 gol bile çıkararak, Sarı Kanaryaları "sürklâse" edebilirdi. Mamafih, birinci devreyi ayrı bir maç olarak görmesi, "bitim" olarak duyurusu, ikinci devreyi yeni bir maçın, yeni bir "başlangıcı" olarak algılaması, oyuncularına da bunu hazmettirmesi, kazanılması düşünülemeyen bir başarı elde etmesini sağlamıştır . . .

Siyâset târihimizde uzun bir yeri olan Süleyman Demirel, verdiği bir demeçte, gazetecilerden birinin, o gün söylediğinin, evvelki konuşmaları ile çelişki yarattığını anımsattığında, ". . . dün, dündür . . . bu gün de, bu gündür . . ." cevâbını vererek konumuza anlamlı bir örnek sergilemektedir.

Kıssadan hisse: Başarısızlıklarımızı, aynı boyutta değişik şekildeki başarılara dönüştürebiliriz.

BJK 0(1)—REAL MADRİD 2(1)

AVRUPA KUPALARINA ŞEREFLİ SİFTAHIMIZ

Sene 1958 . . . Aylardan Kasım . . .

Yazar, İstanbul, Beyoğlu Atatürk Lisesi ikinci sınıfında . . .

Rahmetli Edebiyat Hocamız Vasfi Bey'in dersi . . .

Ne Fuzulî'den, ne Nedim'den, Ne de Bâkî'den gözden geçirimdeyiz . . .

Ya, ne yapıyoruz?

Beşiktaş'ın, İstanbul'da Real Madrid ile karşılaştığı rövanş maçını, bir arkadaşımızın akrabâsının Almanya'dan getirdiği, o zamanlar büyük lüks sayılan "portatif" radyodan dinliyoruz . . . Bütün sınıf radyo etrâfında kümelenmiş, spiker heyecanlı, biz heyecanlı, pür dikkatteyiz . . .

"Bu ne biçim iştir?" diyeceksiniz . . .

Beşiktaş'ın, Real Madrid ile İspanya, Madrid'te oynadığı ve 0-2 kaybettiği maçın revanş târihini biliyorduk. Perşembe günü önce Edebîyat, sonra da Beden Eğitimi dersleriyle çakışıyordu. Beden Eğitimi Hocamız, Rahmetli Hayrettin Kıvanç'ı "tavlamıştık!" İş, Edebiyat Hocamız Vasfi Bey'i iknâ etmedeydi. Sınıfta sevdiği öğrenciler bir araya gelerek, bir hafta öncesinden Öğretmenler Odası'nda ziyâret etmiştik. Utana-sıkıla, "mârûzîyetimizi" bildirmiştik. O zamânın "Tanrı-Kul" ilişkisi gibi algılanan "Hoca-Öğrenci" ortamında, cesâretimizi takdîr etmiş olacak ki, müsaade etme zerâfetini göstermişti. Sessiz-sedâsız dinlememizin de şart olduğunu bildirmişti.

Beşiktaş, revanşı 0-1 götürürken, Kaya'nın attığı berâberlik golüne hepimiz farkında olmadan "GOOOOLLLL!!!!" diye bağırınca, Vasfi Hoca bizlerle, "Hepinize Edebiyattan

'0,' taraftarlıktan da '10' verdim" diye gülerek dalga geçmişti! Hocamız bizlere göstermemeye çalışıyordu ama en aşağı, bizler kadar heyecanlandığını hepimiz bilmekteydik . . .

Evet, 53 senelik bir anı . . . "Eee, ne olmuş? Beşiktaş orada 0-2 yenildi, İstanbul'da 1-1 berabere kaldı, elendi . . . Bu anının nesi güzel?" diye soracaklarınız olacaktır . . .

Beşiktaş, Türk Takımlarının Avrupa kupalarındaki ilk resmî temsilcisiydi. Bir sene evvel, 1957'de mahallî lig'teki başarıları ile 1957-58 Avrupa Şampiyon Kulüpler Kupasına katılmaya hak kazanmış ama Federasyonun geç bildirmesinden dolayı gidememişti.

Yine başarıları ile 1958-59 Avrupa Şampiyon Kulüpler Kupasına da hak kazanınca ilk turda Yunan, Olimpiyakos Takımı ile eşleşmiş ama o devrin Kıbrıs olaylarının yarattığı politik atmosfer yüzünden, Olimpiyakos'un turnuadan çekilmesiyle otomatikman tur atlamış, İkinci Turda da, o dekadın en kuvvetli Avrupa Ekibi olarak kabûl edilen Real Madrid'e düşmüştü!

Her takımın, her takımı yenebildiği ve sürprizlerin az görüldüğü zamanımızdaki futbol'un aksine, 1950'li ve 1960'lı yıllar, futbolun "Monarşi" devriydi. Real Madrid, 1955-56, 1956-57, 1957-58, 1958-59 ve 1959-60 senelerinde peşpeşe 5 sene, rakiplerini açık farklı sonuçlarla elimine ederek Avrupa Şampiyon Kulüpler Kupasını evine götürmüştü. Ayrıca, yine zâmanımızda her kulübün para basarak yeteneksiz yabancı transferler modasının aksine, o senelerde fayda verecek yabancılara para basıp İspanyadan da meşhur oyuncuları alarak takımı takviye felsefesini ilk sergileyenlerden biri olarak hem kıskanılmakta ve hem de takdîr edilmekteydi. Arjantin'den di Stéfano, Macar İhtilâliyle dağılan "Sihirbaz Macarlar" ekibinden Puskas, Fransa'dan Kopa gibi futbol üstatların da Gento ve Rial'a katılmasıyla oluşan forveti, önüne gelen savunmayı kolayca dağıtabiliyordu.

Beşiktaş ise, 1959 Milli Lig öncesinde, İstanbul liglerinde son senelerde ikincilik-beşincilikte arasında gidip-gelirken, Milli Lig'de yine beşinciliğe oynuyordu! Avrupa kulüplerince, değil Beşiktaş hakkında, Türkiye'nin Avrupa kıtasında toprağı olduğundan bile haberi olmayanlar vardı. Real Madrid, bundan önceki 3 sezonda şampiyon olmuş, 4.üncü şampiyonluğu almaya hazırlanıyordu.

İkinci turda karşılarına Beşiktaş çıkınca hiç takmamışlar, nasılsa "yürüye-yürüye, gözleri bağlı bile olarak" turu geçeceklerinden emin, diğer ikinci tur eşleşmelerine bakarak, üçüncü turdaki rakiplerini gözden geçirmeye bile başlamışlardı.

İlk maç, 13 Kasım, 1958 günü Madrid'te oynanıyordu.

Antrenörleri Remondini idâresinde, Beşiktaş, Varol—Kâmil, Özcan—Münir, Gürcan, Büyük Ahmet—Aleko, Kaya, Küçük Ahmet, Fâik, Coşkun tertibinde yer almıştı. Real Madrid ise, Alonso—Alonso, Santamaria—Lesmes, Santisteban, Zarago—Kopa, Rial, diStéfano, Puskas, Gento dizimindeydi.

Maç başlar başlamaz, Real Madrid kalemize inmişti ama savunmamız ve bilhassa kalecimiz Varol, o zamanın en yetenekli ayaklarına-kafalarına gol izni vermemekteydiler. Maç uzadıkça, Real Madrid seyircisi huysuzlanma alâmetleri göstermeye başlamıştı ve bazı gruplar, Real Madrid'in gol çıkaramaması karşısında protestolara bile girişmişlerdi! Bir türlü sonuç alamayan Real Madridliler, başta diStéfano olmak üzere sert oyuna başvurmaya yönelmişler, bu yüzden İtalyan Federasyonundan Hakem Benotti, maçı sık sık durdurmaya, ortalığın gerginliğini gidermeye çalışıyordu. İlk devre, sonlarına doğru bir itişme-kakışma ile 0-0 bitmişti.

İkinci devrede de yine real Madrid bastırıyor, Beşiktaş ise, adam adama başarılı bir savunma ortaya koyuyordu. En sonunda, Santisteban, ilerde o zamanın en pahalı forvetinin yapamadığını yapıyor, 57.nci dakikada Varol'u mağlûp ediyordu: 0-1

Golden sonra çözüleceği beklenen Beşiktaş, oyuna daha sıkı sarılıyor ve sarıldıkça da sonuç alamayan Real Madrid sertliği arttırıyordu. Birbirlerine 86.ncı dakikada sille-tokat girişen Münir ve di Stéfano oyundan atılıyor, 90.ıncı dakikada karambol'den, Kopa durumu 2-0 yaparken, Varol da sakatlanıyordu! Aleko, Varol'un yerine geçiyor ve kaleyi, belki de futbol târihinde en uzun uzatmalardan biri olan 10 dakika içinde başarılı bir şekilde koruyor, bu kavgalı-gürültülü maç ta sona eriyordu.

Rövanş karşılaşması, 27 Kasım, 1958 târihinde İstanbulda, Mithatpaşa/İnönü stadında idi. Real Madrid yöneticileri, oyuncularının Madrid'deki sert tutumundan dolayı Türk seyircisinin olası intikam alıcı tutum ve davranışlarından uzak kalabilmeleri için, Real Madrid oyuncularının kenarlarından tuttuğu büyük bir Türk Bayrağı ile sahaya çıkmalarını ve tribünlere giderek seyircileri selâmlamalarını düzenlemişti. Bu jest, hakkını vermiş, izleyiciler Real Madrid'i alkışlamışlar ve bu şekilde, daha oyun başlamadan evvelki maçta olanlar için "özür dilenmiş, kabul edilmiş," ortalıkta da bir gerginlik kalmamıştı.

Real Madrid hemen hemen aynı ekibi sahaya sürmüştü ama di Stéfano takımda yoktu, getirilmemişti, Belki de idâreciler, onun yine bir sertlik yapıp, yangına körükle gidebilmesinden çekinmişlerdi.

Beşiktaş ise, bu sefer, Varol—Kâmil, Özcan—Metin, Fâik, Büyük Ahmet—Aleko, (Baba)Recep, Küçük Ahmet, Gürcan, Kaya tertibinde yer almıştı.

İlginçtir, forvetlerinin skor kaydetmede kısır kaldığını gören Santisteban, İstanbulda da, yine golü kaydeden olmuş, 13.üncü dakikada orta sahadan akarak, Real Madrid'i 1-0 ileri geçirmişti.

Beşiktaş, bu devrede de canla-başla oynamış, ilk 45'i de bu sonuçla kilitlemişti.

İkinci devrede Kaya berâberlik sayısını kaydetmiş, maç ta, bir evvelkinin aksine sahanın çamur deryâsına rağmen centilmenlik havasında tamamlanmış, oyuncular birbirlerini tebrik etmişler, tribünler de her iki takımı alkışlamışlardı: 1-1

Real Madrid, bundan sonraki turları geçerek 4.üncü şampiyonluğuna koşacak, Beşiktaş ise, canını dişine takarak oynadığı bu maç ile, uzun zaman futbolseverlerin gönüllerinde taht kuracak, hele centilmenliğiyle, o dekatlarda kızdırmak için "arabacı" göbek adını takan diğer takımların seyircilerini de utandıracaktı.

Şimdi . . .

Yaşama paralel:

Bir işte başarı göstermek için yeteneklilik mi, arzulu olmak mı gerekir?

Yetenekli ama arzusuz, motivasyonu olmayan
bir oyuncu . . .

Arzulu, motive edilmiş ama yeteneği olmayan bir oyuncu . . .

Hangisi daha iyi, daha kötü dersiniz?

Yetenekle berâber arzunun da bulunması tabii ki idealdir. Bununla berâber, ". . . yok, illâ birini seçeceksin . . ." derseniz, Yazar, yetenekleri pek olmayan ama arzulu, motive edilmiş, yaptığını seven, disiplinli oyuncuyu tercih ettiğini bildirmektedir . . .

Yetenek, doğuştan edindiğimiz bir "hediye" dir ve aynı zamanda da bu yeteneği, hangi işte, nerede, nasıl, ne zaman ve kiminle daha iyi sergileyeceğimizin de plânlaşmış-programlaşmış bir fenomenidir. Doğumumuzda, bize verilen bir meşâledir. Bu meşâle de, devamlı olarak alevi söndürmemede, beslemede, yağmurdan-kardan korumada, kendini-başkalarını yakma-zarar vermede değil, aydınlatma-ısıtma gibi faydalı şeylerde kullanmada da, arzuya, isteğe, motivasyona, çalışmaya, fedâkârlığa gereksinim göstermektedir.

Sahada çok yetenekli ama isteksiz oyuncular mı istersiniz yoksa yüksek yeteneklerden uzak ama düşen-kalkan, koşan, giden-gelen, topa sıçrayan, dalan, karşı rakipleri devamlı meşgûl eden oyuncuları mı tercih edersiniz?

Beşiktaş—Real Madrid müsâbakası, bir yerde yetenekli ama bu yeteneklerinin sonuç alamadığını görünce işi kaba kuvvete döken, bu şekilde de yeteneklerini yitiren bir takım ile, yetenekleri, rakibine oranla çok aşağıda kalan ama maça asılmaya baş koymuş, son dakikaya kadar çalışan-didinen, teslim olmamaya kararlı, bir takımın maçı olarak gözden geçirilebilir.

Bu günlerde pek duyulmayan ve eskilerin "renk aşkı" dedikleri bir fenomen vardı. Zamânımızdan dekatlar öncesinde, 1960'lara kadar olan futbol târihimizde, oyuncular şimdiye oranla çok az bir para alırlar ama işlerinde, giydikleri formanın renklerini, herşeyden üstün tutarlar, arzu ile, istek ile, aşk ile oynarlar, hem kulüplerine gâlîbîyet getirmeye çalışırken de, futbolseverleri şâheser performansları ile de mutlu ederlerdi. Söz Beşiktaş'tan açılmışken, Real Madrid'e karşı gösterilen mücâdelenin, bu uluslar arası "renk aşkı" nın nasıl ortaya konduğunu, Beşiktaş'ın Amerika'yı ziyâret eden ilk Türk Takımı olarak yaptığı maçlara da göz atarak kanıtlayabiliriz: Bu "ilk" e de imzâ atan Beşiktaş, 1950 senesinin Mayıs ve Hâziran aylarında Amerika'yı, Recep (Baba) li, Mehmetli, Feyzili, Levonlu, Tenaslı, Bülentli, Şükrülü, Kemalli, Kâmilli, Şevketli, Yavuzlu kadrosu ile ziyâret etmiş, Philadelphia Karmasını 7-1, New York Karmasını 5-3, Chicago Karmasını 5-2, Amerikan Lig Karmasını 3-1 yenmiş, daha da önemlisi, birkaç hafta sonra Brezilyada derlenen 1950 Dünyâ Kupasına katılan ve başka bir kısımda ayrıca gözden geçireceğimiz, İngiltere'yi büyük bir sürprizle yenerek eleyen ABD Milli Futbol Takımını da 5-0 mağlûp etmişti! Bir New England Karması ile yaptığı maçta 1-1 berâbere kalmış bir de, kendisi gibi Amerikayı ziyâret etmekte olan meşhur İngiliz Manchester United'e 1-2 yenilmişti.

Beşiktaş-Real Madrid maçından görüntüler, www.facebook.com/video/video. php?v=406821225001 den izlenilebilir.

Kıssadan hisse: Yetenekli olmayabiliriz ama çalışmamızla, gayretimizle, sabrımızla ve yaptığımızı da sevmemizle çok fayda sağlayabiliriz.

DANİMARKA 2—ALMANYA 0

BİRİNİN ÇÖPÜ ÖTEKİNİN HAZÎNESİDİR

İngiliz Deyimi

Danimarka'nın, İsveç'te, Almanya'yı, 1992 Avrupa Kupası finalinde yendiği skor . . .

Yer yerinden oynamış, o zamana kadar Avrupa Kupasını kazanmış olan ve bu kupada da favori gösterilen bütün "birincil" futbol "devleri" bir yana itilerek, futbolda "ikincil" kuvvette, yetenekte algılanan Danimarka, hem de su götürmez güzel bir oyundan sonra Avrupa Şampiyonu olmuştu!

Herkes, Danimarka'nın, Almanya ile oynadığı final'e odaklanmış, aylarca ve hattâ senelerce bu final maçı tartışıla-gelmişti . . .

Mamafih . . .

. . . hemen hemen hiç kimse de, Danimarkanın finale nasıl geldiği hikâyesini pek gündeme getirmemişti . . .

"Gündeme getirilecek nesi var?" diyeceksiniz . . .

İsveç'te finalleri oynanacak 1992 Avrupa Şampiyonasının Grup Elemeleri 1990'da başlamıştı. İsveç, ev sâhipliğini yaptığından otomatik olarak finalist bulunmaktaydı. Diğer bütün Avrupa takımları dördü-beşi bir arada 7 Gruptan oluşmuştu ve her grubun birincisi finalist olarak İsveçteki finallere gitme hakkı kazanmaktaydı. (Bu turnua, Türk Millî Futbol Takımının belki de en kötü netice aldığı bir devreye rastlamıştı. Grubumuzda bulunan İngiltere, İrlanda ve Polonya ile sahamızda-sahalarında oynadığımız 6 maçta 1 berâberlik bile alamadan hepsinde yenilmiş, attığımız 1 gole karşılık, kalemizde 14 gol görerek grup sonuncusu olmuştuk).

SAHADAKİ GOLLER YAŞAMDAKİ ROLLER

Dördüncü Gruptaki Yugoslavya ise Danimarka'yı, Kuzey İrlanda'yı, Avusturya'yı ve Faroe Adalarını arkasında bırakarak finalist olarak İsveç'e gitme hakkını ele geçirmişti. Kendi ve rakiplerinin sahalarında yaptığı 8 karşılaşmanın 7'sini gâlîbîyetle kapatmış, birinde de, umulmadık bir şekilde kendi sahasında Danimarka'ya 1-2 yenilmişti (Yazar, okurların bu sonuca mim koymalarını istemektedir çünkü biraz sonra gözden geçirilecek olaylarda esrâr-ı engîz bir haberci olarak tartışılabilecektir!), tek puan fark ile Danimarka önünde grup şampiyonluğu elde etmişti.

İsveç'e gidecek finalistlerin belli olduğu aylarda, Yugoslavya bir iç savaş yaşamaya yönelmiş, soy kırımı boyutlarına ulaşan fâciâlar kanıtlanmaya başlamıştı. Bunun üzerine Avrupa Konseyi Yugoslavya'ya yaptırımlara girişirken, Avrupa Futbol Federasyonu da, Yugoslavya'nın İsveç'te maç yapma kapasitesini yoksun bularak şampiyonluğunu geri bıraktırmış, yerine de grup ikincisi olan Danimarka'yı dâvet etmişti. Bu herkesi olduğu kadar, Danimarka Futbol Federasyonunu da şaşırtmıştı. Kuzey İrlanda'ya karşı alınan 1-1'lik berâberliğin ve kendi sahasında Yugoslavya'ya karşı kaybedilen 0-2'lik mağlûbîyetin (Yazar, okurların yine buraya mim koymalarını dilemektedir çünkü bu da biraz sonraki tartışmada aynı esrar-ı engîzliği koruyacaktır!) dışında 6 maçı kazanmasının herkesçe beğenilmesine karşılık—1992 Avrupa Şampiyonasında puantaj hâlâ maç kazanmaya 2, berâberliğe 1 ve kaybetmeye de 0 puan ile değerlendiriliyordu—finalist olamamasından, Millî Takımları dağılmış, oyuncular, lig sezonu da bittiğinden ya tâtile girmişler, ya bâzıları emekliliğe ayrılmışlar, yabancı olanlar memleketlerini ziyârete gitmişler, geri kalanlar da transfer prosesinde oraya-buraya koşma-koşturma uğraşısı içinde kalmışlardı. Toplum ve medya ise, Avrupa şampiyonasının kapandığı düşüncesiyle dikkat ve ilgilerini başka konulara yönlendirmişlerdi. Beklenmedik olarak Yugoslavya'nın çekilmesiyle Şampiyonaya âni olarak çağrılmaları, sarsak-sursak, panik içinde, herkesi yeniden bir araya getirme ve az bir zamanda hazırlanma atılımlarını gerekli kılmıştı. Danimarka Takımı ve toplum bir yandan beklenmedik bir sevinç yaşarken, bir yandan da gerekli disiplini kurup, lüzumlu hazırlık ve çalışma sergileyemeyeceklerinin endîşesindeydiler.

Danimarka'yı, herşeyden önce bu hazırlığı kısa bir zamanda yapıp, finalleri oynayacak yeteneğe ulaşmadaki arzu, özveri ve uygulamaları için takdîr etmek gerekmektedir.

Dörder takımdan oluşmuş A ve B Gruplarının derleniminde, Danimarka, İsveç, Fransa ve İngiltere ile aynı Grupta yer almıştı. İngiltere ile alınan 0-0 beraberlik, İsveç'e 0-1 yenilgi ve Fransa'ya karşı 2-1 kazanılan maçlar, Danimarka'ya Grup ikincisi olarak yarı finallere yükselme hakkını vermiş, İsveç'in Grup Birincisi olduğu rekâbette, İngiltere ve Fransa turnuadan elenmişlerdi.

Diğer Grupta da, Hollanda birinci ve Almanya ikinci olarak Yarı Finale kalırken, İskoçya ve Rusya Federasyonu Kupadan elenmişti.

Danimarka, Yarı Final'de Hollanda ile eşleşmişti. Oyunun normal süreci 2-2 berâbere bittiğinden, uzatmalarda da sonuç değişmediğinden, finalist, penaltı atışları ile belli olacağı sergilenmişti.

Bütün Danimarkalı oyuncuların beşinin de penaltıları gole çevirmelerine karşı, Hollanda oyuncularının yalnız dördü bunda başarı sağlamış ve bu turnua'da büyük bir sürpriz ile hiç gol kaydedemeyen futbol üstadlarından Van Basten'in, şansını burada da kıramayarak penaltı kaçırması, Danimarka'yı Finale taşımıştı!

Diğer Yarı Final maçında da, İsveç'in direnmesi yetmemiş ve maç, Almanya'nın 3-2 gâlîbiyetiyle sonuçlanmıştı.

Final, şampiyonanın her zamanki favorilerinden Almanya ile "Cinderella" ekip Danimarka arasındaki hesaplaşmaya kalmıştı!

Danimarka, Final öncesi gruplardan başlayan disiplinli oyununu burada da devam ettirmiş, disiplinde belki de dünya'nın ileri gelen takımlarından Almanya'yı, her iki devrede attığı birer gol ile 2-0 yenmiş, Türkiyenin ve Galatasaray'ın, Manchester United maçlarından tanıdığı Danimarka Kalecisi Schmeichel, şâhâne oyunuyla, Almanlara gol fırsatı vermemişti.

Bütün Avrupa'nın değil, dünya'nın ağzı açık kalmıştı!

Şimdi . . .

Gelelim yaşama paralellere:

Gözlerimizi kapayalım . . .

Kişisel, âile, komşuluk, iş, memleket gibi sirkülerlerdeki deneyim ve birikimlerimizi düşünelim . . .

En başarılı olduğumuz mevkii, olayı, yeri ve/veyâ durumu seçelim . . .

Şimdi soruyu soralım:

Bu başarıyı elde etmede, işin başlangıcının
nereye-nerelere gittiğini anımsıyabiliyor
muyuz?

Bu başarıya ne zaman tamâmen kendi kaynaklarımızı ve yeteneklerimizi kullanarak, adım-ve-adım erişmişizdir ve ne zaman da, hele hele başarıya yönelemeyeceğimizi düşündüğümüz anlarda, o konuyla ilgili herşeyin bittiğini bile izlediğimiz zamanlarda, beklenmedik, durup-dururken ortaya çıkan bir fırsatı değerlendirerek ulaşmışızdır?

Danimarka, eleme grup müsabakalarında finalist olamayınca, 1992 Avrupa Kupasına vedâ ettiğini algılamış, "olmadı baştan" felsefesiyle, artık, 1994 Dünya Kupası Şampiyonasına hazırlanmayı düşünmesi gerektiği sirkülerde iken, âniden, elimine olduğu rekâbete tekrar dâvet edilmiştir!

Yugoslavya'nın çöpü, Danimarkanın hazînesi olmuştur!

Peki, "başkasının çöpü" nün, bize "hazîne" olduğu durumlar yok mudur?

Yazarın önerisindeki gibi, gözlerimizi kapayıp, iyice düşünürsek, hiç değil ise bâzı başarılarımızın umulmadık anlarda gelen fırsatları değerlendirebilmemizden kaynaklandığını kayıtlar ve kanıtlarız (Tabii, bâzı başarısızlıklarımızın da yine böyle umulmadık anlarda gelen fırsatları değerlendirememizden dolayı oluştuğunu da kabulleniriz!)

Yaşam, bir değişimdir . . .

Her değişimde de dikkatli olanların algılamaları için bâzı sinyaller kayıtlanabilmektedirler . . .

Yugoslavya'nın ve Danimarka'nın, Finaller öncesindeki eleme grubundaki 4 takımdan oluşan maçlarına bakalım:

Her iki takım da, yalnız birer mağlûbiyet almıştır . . .

Her iki takım da, bu yegâne yenilgilerini birbirlerine karşı almıştır . . .

Her iki takım da, birbirlerine karşı izledikleri bu yenilgileri, kendi sahalarında almıştır . . .

Bu biraz "acaip" bir tesâdüf müdür, yoksa, hiç beklenmeyen bir anda Yugoslavya'nın çekilmesiyle, Danimarkanın, onun yerine Finallere gideceğini önceden sergileyen bir mesaj mıdır?

Yaşamda bu şekilde birçok değişim sinyalleriyle karşılaşmamıza rağmen, günlük koşma-koşturma-aceleme-uğraşı içinde bu sinyalleri izlemeyebiliriz. İzlemeyince de, oluşan değişikliklere uyum yapmamız zorlaşacaktır.

Yazar, burada etrâfımızda oluşan herşeye bir kulp takarak, bunların bizlere bir mesaj şeklinde algılanmasını ve işimizi-gücümüzü de onlara göre derlememizi önermemektedir. Bilhassa bâtıl inançların kuvvetli olduğu memleketimizde böyle bir yönlendirme sağlıksız sonuçlar getirecektir. Yazarın üstünde durduğu, önce sinyallere, sonradan da değişikliklere hazır bulunmamızdır.

Kıssadan hisse:

Giriştiğimiz işte başarısızlığımıza demir atmayalım . . . Başarısızlığımız, aslında başarımızın habercisi olabilir . . . Hedefimize ulaşmada özveri gösterelim . . . Değişimlere olumlu ve yapıcı şekilde karşılık verelim . . . Kayık ile akıntıyı bir tutalım!

GALATASARAY 4—ARSENAL 1

OLMAZ DEMEMELİ . . . YALNIZ OLMAZ, OLMAZ . . .

Şimdiye kadar hiç bir Türk Takımının, Avrupa Şampiyonalarında gösteremediği başarıya, Galatasaray'ın, İngiliz Arsenal Takımını, Şampiyonlar Kupası Finalinde penaltı atışları ile ulaşarak "Avrupa'nın Birincisi" ünvânını aldığı maç'ın sonucu . . .

Galatasaray, buraya nasıl gelmiştir?

Galatasaray buraya tesâdüfen gelmemiştir . . .

Birincisi, Türkiye Millî Lig istatistiklerine bakacak olursak, bu takımın 1996-97, 1997-98, 1998-99 ve 1999-2000 sezonlarında şampiyon olduğunu kanıtlarız . . . Zamânımızda hangi takımımız arka arkaya 4 sene şampiyonluğunu muhafaza edebilmektedir?

İkincisi, hele, hem Avrupa'da devler arasında oynarken ve olmayacağı olur yapıp şampiyonluğu Türkiye'ye getirirken, yine aynı sene, Türkiye Millî Liginde de yine şampiyon olması? Avrupadaki müsâbakaları yüzünden takımlarımızın lig maçlarının bile tâtil edilmesi felsefesinin gündeme getirildiği günümüzde, Galatasaray, her iki rekâbette de aynı anda başarı gösterebileceğini kanıtlamamış değil midir?

Üçüncüsü, zamânımızın "yabancı transferi" modasındaki dışardan gelenlerin, "paramı alırım, sonra yatarım" felsefelerinin aksine, şampiyonlukları elde etmekte büyük rol oynayan Hagi, Taffarel, Capone, Popescu ve Jardel gibi futbolcuları momentuma yöneltmemiş midir?

Dördüncüsü, ve burada tartışacağımız konu olan boyutta, 1999-2000 Avrupa Şampiyon Kulüpler Grup elemelerinde Grubunda ancak 3.üncü olabildiğinden, saf dışı bırakıldığında, tesellî mükâfatı düzeyinde Avrupa Kupasına, 3.üncü turdan itîbâren devamına yöneltildiğinde de hiç bir tepki, moral bozuntusu, isteksizlik göstermeden, sanki Şampiyon Kulüpler Kupasına devam ediyormuş gibi rakiplerini birer birer yenerek finale gelmesi değil midir?

Beşincisi, Kupa Şampiyonu olduktan sonra, Süper Kupa için, Grup karşılaşmalarında sollandığı Şampiyon Kulüpler Kupasında, şampiyon Real Madrid ile yaptığı maçı da kazanarak, bu Kupa'yı da Türkiyeye getirmesi değil midir?

Tam "4-4'lük," pardon, "5-5'lik" bir Şampiyon . . .

İdârecisinin, teknik direktörünün, oyuncularının
ve seyircisinin önünde saygı ve sevgiyle eğilmekteyiz . . .

Şimdi . . .

Bakalım, Galatasaray Şampiyonluklara nasıl geldi:

Millî Lig'te 1998-99 Şampiyonu olan Galatasaray, 1999-2000 Avrupa Şampiyon Kulüpler Kupasına katılmaya hak kazanmıştı ve Grup öncesi müsabakalarında eşleştiği Avusturya Wien'i, 1-0 ve 3-0'lık sonuçlarla geçtikten sonra, H Grubunda, İngiliz Chelsea, Alman Hertha Berlin İtalyan Milan ile gruplaşmıştı. İstanbul'da ve karşı sahalarda yapılan 6 maçta, 2 galîbîyet, 1 berâbere ve 2 mağlûbîyet alarak karşı ağlara 10 gol bırakırken, kendi kalesinde de 13 gol görmüş, Grupta 7 puan ile, Chelsea ve Hertha Berlin arkasından üçüncü olmuştu. Türkiyedeki bâzı toplum sirkülerleri, Galatasaray'ı eleştirmiş, Milan gibi bir devin bile sonuncu olduğunu ve Galatasaray'ın hiç olmaz ise Kupa Gâliplerinde şansının bulunabileceğini konu bile etmemişlerdi!

Avrupa Kupasındaki temsilcimiz Ankaragücü, ilk turdan evvelki devrede, eşleştiği Faroe Adaları Torshavn'ı, 1-0 ve 1-0 yenerek birinci tura yükselmiş, karşısına çıkan İspanyol Atletico Madrid ile de 3-0 ve 0-1'lik maçları sergileyerek, gösterdiği mücâdeleci oyuna rağmen kupaya vedâ etmişti. Birinci tura doğrudan iştirâk eden Fenerbahçe ise, Macar MTK karşısında aldığı 0-0 ve 0-2'lik sonuçlarla elenmişti.

Şampiyonlar Liginden Kupa Galipleri üçüncü turuna gelen Galatasaray, İtalyan Bologna ile yaptığı müsâbakaları 1-1 ve 2-1 ile neticelendirince, dördüncü raunda yükselmişti.

Dördüncü turda Galatasaray'ın karşısına Alman Borussia Dortmund çıkmış, Aslan bu turu da, 2-0 ve 0-0'lık oyunlar ile geçerek, Çeyrek Final'e kalmıştı.

Çeyrek Final'de, İspanyol RCD Mallorca ile eşleşmiş, 4-1 ve 2-1'lik sonuçlar, Sarı Kırmızılıları Yarı Finale uçurmuştu.

İngiliz Leeds United, Galatasaray ile eşleşmiş, İstanbuldaki 0-2 mağlûbîyeti ve İngilteredeki 2-2 beraberliğiyle, rakiplerini Yarı Final'den, Finale geçişlerini izlemişti.

Nihâyet büyük Final zamânı gelmiş, Sarı Kırmızılılar, bu çaptaki bir turnua'nın Finalini oynama heyecânını, sevincini ve gururunu duymaya başlamışlardı.

İşin ilginç tarafı, diğer finalist Arsenal'in de, aynı şekilde, Şampiyon Kulüpler Kupasındaki gruplarında 3.üncü olmaları dolayısı ile işin başında, onların da Kupa Gâlipleri turnuasına yönlendirilmiş olmaları idi!

Diğer bir deyişle, Avrupa Kupa Finali, Şampiyon Kulüpler Şampiyonasından gelip, "arka kapıdan" girmiş, orada rekâbetini kaybetmiş iki takımın hesaplaşması olacaktı!

Galatasaray'ın, Teknik Direktör Fâtih Terim derlemesinde, 17 Mayıs, 2000 târihinde Danimarka'nın Kopenhag şehrinde düzenlenen müsâbakaya, Taffarel—Capone, Popescu—Bülent, Ümit, Suat (Ahmet 95.inci dakika)—Okan (Ünsal 82.nci dakika), Ârif, Ergün, Hagi ve Hakan tertibinde çıkmış 11'inin çok güzel bir oyun sergilediği maç, 90 artı dakikada ve uzatmalarda da gol çıkmadığı için, şampiyonu belli edecek sonuç, penaltılara kalmıştı!

Ergün çekiyor: Gol!—Süker cevap veriyor: Yok!
Hakan çekiyor: Gol!—Parlour cevap veriyor: Gol!
Ümit çekiyor : Gol!—Vieira cevap veriyor: Yok!

Dördüncü atış Popescu'ya verilmişti . . . Eğer bu oyuncu gol kaydederse, Galatasaray şampiyon olacaktı . . . Arsenal diğer 2 golü, 5 atışı tamamlamakta kaydetse bile, Sarı Kırmızılılar, 5.inci atışa lüzum bile kalmadan, 4-3'lük avantaj ile şampiyon idiler. Kaçırdığı takdirde de, karşılıklı atışlara devam edilecekti . . .

Popescu çekiyor: Gol! GALATASARAY ŞAMPİYON ☺ ☺ ☺

Daha o anlarda gözlerimize-kulaklarımıza inanmadığımız bu zaferi, evvelce de gözden geçirdiğimiz gibi, Avrupa Şampiyon Kulüpler şampiyonu Real Madrid ile yapılacak Süper Kupa maçı izleyecekti.

Üç ay kadar sonra, Fâtih Terim'in Avrupa takımlarınca aranılıp-alınması devresinde takımın başına getirilen Teknik Direktör Lucescu, Monaco'da, 25 Ağustos'taki müsâbaka için, kadrosunda Raul, Figo, Roberto Carlos ve Guti gibi meşhurları barındıran Réal Madrid'e karşı Galatasaray'ı, Taffarel—Capone (Fatih 85.inci dakika), Popescu—Bülent Korkmaz, Hakan Ünsal, Okan—Emre, Suat, Hagi (Bülent Akın 82.nci dakika), Ümit ve Jardel şeklinde dizmişti.

İlk devrenin 41.inci dakikasında kazanılan penaltıyı Jardel gole çevirmiş ve Aslan, devreyi 1-0 kapatmıştı.

Buna, bu sefer Raûl, ikinci devrenin 79.uncu dakikasında kazanılan penaltıyı gole çevirerek karşılık vermişti: 1-1!

Maç 90 artı'da 1-1 sonlandığından uzatmalara gidilmiş ve yine Jardel, 103.üncü dakikada durumu 2-1 yapmış ve Galatasaray, "Avrupanın şeref ve gurur timsâli Süper Kupa" yı da kazanmıştı!

Bu büyük başarıyı, yazarca iki olay gölgelemişti. Birincisi, Leeds taraftarlarının İstanbul'da, meydanda Türk Bayrağını bedenlerinin uygunsuz yerlerinde sergilemeleri sonucu Galatasaraylı taraftarlarca bıçaklanma ve ölüm olayı, öteki de Avrupa basınının, Galatasaray'ın şampiyonluğunu küçümseyen ve aşağılayan makaleler dizmesiydi. Birçok İnternet sitesinde, Galatasaray'ın "tricky" yâni, "numaracı, hîleci" oyunundan bahsedilmekteydi! Hattâ o zamana kadar şampiyonluğun penaltı atışları ile belirleneceğini yasa hâline getiren bâzı FIFA ilgilileri bile, Galatasaray—Arsenal Avrupa Kupa Gâlipleri Finalini kastederek, şampiyonluğun, penaltılar ile belirlenmesinin haklı mı-haksız mı olduğu üzerine, ilerki şampiyonalarda kuralları değiştirmek için başvuruda bile bulunmuşlardı ☹

Şimdi yaşamımıza bir paralel çekelim:

Kendimizi düşünelim . . .

Âilemizi düşünelim . . .

Akrabâlarımızı düşünelim . . .

Arkadaş ve tanıdıklarımızı düşünelim . . .

Eğitim-öğretim düzeyimizi düşünelim . . .

Mesleğimizi, iş çevremizi düşünelim . . .

Bu boyutlardaki başarılarımızı düşünelim . . .

Galatasaray örneği, eksiksiz bir başarımız bulunmakta mıdır?

Çoğumuz bulamayacaktır; bu da doğaldır . . .

"At olur, meydan olmaz . . . meydan olur, at olmaz . . ." atasözünün düzeyinde, kişisel çabalarımız ve uğraşılarımız dış dünyâ'nın ters etkenlerinden dolayı olumlu sonuçlardan uzak kalabilirken, dış dünya değişimi ve akımının lehimize işlediği bir zamanda da, bıkkınlıktaki, tükenmekteki kişiliğimiz yüzünden, yine olumlu sonuçlara ulaşamamamız izlenecektir.

Galatasaray hem atı ve hem de meydanı aynı anda bulmuş, başarıya erişmiştir ama atı, devamlı olarak eğitimde tuttuğunu da unutmamamız gerekmektedir.

Kıssadan hisse:

Çevremizin şartlarının ne zaman olumlu yöne dönüşeceğini bilemeyebiliriz ama odakladığımız başarı doğrultusundaki kendi gayretimizde, çabamızda ve uğraşılarımızda devam edersek, diğer bir deyişle, atımızı hazırda bekletirsek, meydanı bulduğumuzda sonuç alabileceğimiz gibi, alamasak ta, atımızın sağlıklı durumu bizi mutlu kılacaktır.

ABD 1—İNGİLTERE 0

Bizi hava alanında uğurlayan da, karşılayan da yoktu! Borghi—ABD Millî Futbol Takım Kalecisi

Belo Horizonte, Brezilya . . .

Dördüncü Dünyâ Kupası, 1950 . . .

Türkiye'nin maç bile oynamaya lüzum kalmadan seçilmesine rağmen, Futbol Federasyonunun "parasal problemler" ve "Güney Amerika'ya seyyâhatin pahalı olması" özrüyle katılmadığı turnua . . .

İkinci Dünyâ Savaşının etkisiyle 12 sene ara verildikten sonraki ilk rekâbet . . .

Sayı tabelâsı bu sonucu göstermekte . . .

Kimse inanamıyor . . .

Günümüzde olabilecek bir skor . . .

. . . ama o dekatta olmayacak bir şey . . .

Niye mi?

Önceki 1930, 1934 ve 1938 yıllarındaki rekâbete FİFA ile olan anlaşmazlıklardan dolayı katılmayan İngilizler, Kupa'ya ilk defâ gelmiştiler . . . Kadrolarında Ramsey, Finney, Mortensen, Wright gibi "Futbol Kralları" nın bulunduğu bir ekip . . . O kadar da iyi anlaşmışlardı ki, takıma sonradan katılan ve gelmiş-geçmiş en iyi oyuncu olduğu bir çok çevrece kâbul edilen Sir Stanley Matthews bile yedekte beklemekteydi!

ABD'nin hâli ise içler acısı idi!

İki sene önceki 1948 Olimpiyatlarında, İtalya'ya 0-9, Norveç'e 0-11 yenilerek, 1950 Dünya Kupası kalifikasyon maçlarında Küba ve Meksika ile gruplanmışlardı. Meksika'ya 0-6 ve 2-6'lık kayıpların arkasından, Küba'yı 5-2 yenmeleri, sonra da 3-3 berâbere kalmaları, Dünyâ Kupasına gidebilmeleri vizesini vermişti. Takım, bu seçilimden sonra çok az hazırlık maçı yapabilmiş, evvelce tartışıldığı üzere, Beşiktaş'ın, ABD'ye yaptığı dostluk gezisindeki karşılaşmayı da 0-5 kaybetmişti!

Amerikan takımının, diğerlerinde görülmeyen bir mozaiği bulunmaktaydı. Kâfile'deki oyuncuların çoğunun Amerikan doğumlu olmalarına rağmen, hepsi anneleri-babaları başka memleketlerden gelen göçmen çocukları olarak bilinmekteydiler. Geldikleri memleketlerde futbol çok popüler olduğundan, evde futbol kültürü ile yetişmiş, çocukken sokaklarda oynamışlar, büyüyünce de, ". . . şu mahalle takımı, bu mahalle takımına karşı . . ." amatör komşuluk ligleri kurmuşlar, hafta sonlarını tamâmen futbola ayırmışlar, âilelerince de destek bulmuşlar ve futbolu bilmeyen ve göçmen olmayan Amerikalı arkadaşları ve âilelerince de bu heyecanları boyutunda küçümsenmişlerdi, bâzen de alay konusu yapılmışlardı.

Oyuncuların hemen hepsi, göçmenlerin "ikinci sınıf vatandaş" deneyim ve birikimlerinden geçerken, biraz kültür, biraz parasızlık, biraz dil ve biraz da politik sebeplerden yüksek eğitime gönül verememişlerdi. Çoğu postacı, bulaşıkçı, temizleyici, garson, komi, hamal, "getir-götürcü," taşıyıcı, silici, boyacı gibi işlerde çalışarak âile bakıyor, geçinmeye çalışıyor ama futbolu yaşamlarından eksik etmiyorlardı!

İngiltere'ye gâlîbiyet golünü kaydeden Gaetjens'te dâhil olmak üzere 3 oyuncuları, Brezilya'ya uçuştan hemen evvel hava alanında katılmıştı ve takımın berâber oynamasındaki harmonide ne kadar zayıf kalındığı kanıtlanmıştı!

ABD, Finallerde, İngiltere, İspanya ve Şili ile gruplaşmıştı.

İlk maçında İspanya'ya 13.üncü dakikada gâlip duruma geçmiş ama oyunun bitmesine 9 dakika kala, 8 dakika içinde, 3 gol yiyerek 1-3 mağlûp olmuştu.

İngiltere'de, Şili'ye karşı 2-0'lık sonuç almıştı.

İkinci maçlarında ABD ve İngiltere ilk defâ karşı-karşıya gelmekteydiler.

Daha evvelce de belirtildiği gibi, o zamanlarda gâlibiyete "2", berâberliğe "1" ve yenilgiye de "0" puan verilmekteydi ve bir kere maç başladı mı, gönüllü olarak "oyuncu değiştirme" diye bir şey kurallarda yer almamaktaydı.

İngilizler daha önce berâberce yemek yedikleri Amerikalıları şaka yollu epey alaylamışlardı. Hattâ, antrenörleri Winterbottom'un oyuncularına, "Amerikalıları fazla rezîl etmemeleri" gerektiğini, "dünyâ politikası düzeyinde Anglo-Amerikan arkadaşlığına bir problem getirmemek için 2-3 gol atıp, maçın öteki kısmında orta sahada paslaşmalar ile oyunu bitirmelerini" önerdiği dedi-kodusu sirküle edilmekteydi.

Maç başlar-başlamaz, İngilizler arıların kovana hücumu örneği, ABD kalesini abluka'ya almışlardı. İki şutları direklerde patlamış, diğerleri de Kaleci Borghinin sağa-sola uçması ile yakalanıyor, yumruklanıyor, kornere çeliniyor, âdeta bir mıknatısla topu devamlı kontrolde tutmaktaydı! Borghi, zamânımızda futbolun popüler olduğu bir memlekette oynasa, şüphesiz ki, Lev Yâşin'in ölümünden sonra bile devam eden ününü sürklase edebileceği düşünülmüştü.

Dakikalar ilerledikçe İngilizler bastırmış ama bir türlü sonuca gidememişlerdi. Bu arada, bir kontratakta, Bahr İngiliz kalesine 20-25 metreden uzun bir şandel uzatmıştı. İngiliz Kalecisi bunu almak için çıkarken, ABD'li Gaetjens, demarke olarak ve balıklama dalarak, omuz düzeyine kadar inen topa, Williams'ın âdeta elleri arasından kafa vurmuş, topu ağlarla kucaklaştırmıştı: 1-0!

Devre de bu şekilde kapanmıştı!

İkinci Devre yine ingiliz forvetleri ve orta sahası ile ABD Kalecisi Borghi arasında geçmiş, file bekçisi belki de yüzde yüz gol olabilecek şutları oraya-buraya çelmeyi başarmış, bâzılarında ise şansı yâver gitmiş ve İngiltere belki de târihinde en kötü değil ama en umulmadık yenilgilerinden birini almıştı.

Olay İngiltere'de bir spor sayfası basım hatası olarak algılanmış, asıl skorun ya 11-1, ya da 10-1 İngiltere lehinde olduğu iddia edilmişti!

ABD'de ise, durumdan kimsenin haberi olmamıştı. Dünyâ Kupasına hiç bir gazeteci gönderilmemiş, giden yegâne gazeteci St. Louis Post Dispatch muhabiri

Dent McSkimmish ise, kişisel tâtil izni almış, bütün masraflarını da kendisi karşılamıştı!

Grupta üçüncü maçına çıkan ABD, Şili karşısında maçı 0-2'den, 2-2 yapmış ama İkinci Devre sonunda, aynı İspanya maçında olduğu gibi 3 gol daha ağlarında görünce, maçı 2-5 vermiş, İngiltere de İspanya'ya 0-1 mağlûp olmuştu. Bu şekilde İspanya maçını da 0-2 kaybeden Şili ile berâber her üç takım da memleketlerine dönerken, İspanya yoluna devam etmiş ve Finalde Brezilya'yı 2-1 yenen Uruguay da şampiyon olmuştu.

Amerikalılar memleketlerine dönüşlerinde de, uğurlanışları kadar yalnız bırakılmışlardı. Borghi'nin kısım başında sergilenen sözleri takımın gördüğü ilgisizliği yansıtmaktaydı. Bu gün bile futbolun, halâ beyzbol, basketbol ve Amerikan Futboluna âşık olan Amerikan sporseverlerinin arasında bile "dördüncü popüler spor" olarak algılanmasına karşılık, o günlerde kimsenin bu, "yabancı, 22 kişinin ellerini kullanmadan—kaleci hâriç—90 dakika koşması sonrası, sonucun halâ 0-0 kalabilen bir göçmenler oyunu" na karşı ilgileri bulunmamaktaydı.

Memleketin ve milletin bu kadar ilgisiz kalmasına karşı, Takım kaptanı Bahr, ". . . biz bu oyunu birbirimizi sevdiğimizden oynadık . . . âilelerimizi sevdiğimizden oynadık . . . mahallemizi sevdiğimizden oynadık . . . bizden sonra gelecek kuşaklara heyecanlı bir anı bırakmak için oynadık . . . futbolu sevdiğimiz için oynadık . . ." şeklindeki demecinde, hem topluma sitemini ve hem de aile-arkadaşlık sevgisini dile getirmişti.

Bu yarı amatör, yarı profesyonel, işçi-göçmen ekibi, "Mighty Brits,—Kuvvetli Britonlar" a, futbolun mağrur mûcitlerine, futbolun nasıl oynanması gerektiği konusunda güzel bir ders vermişti.

ABD takımı, bundan sonra dağılmış ve futbola olan ilgisizlikten dolayı, oyuncular kendi mesleklerine çekilmişler ve yaşamda geçime çalışarak futbolu târihe terketmişlerdir. İçlerinde golü kaydeden Gaetjens'in yaşamı bir filme konu olabilecek kalitededir. Bulaşıkçılık ile geçimini sürdürmekte olan bu genç oyuncu, Fransız Racing takımı idârecilerinin dikkatini çekmiş, Fransa'ya gitmiş, başarılı senelere imzâ atmış, sonra kariyerinin sonunda, 39 yaşında, asıl memleketi olan Haiti'ye dönmüş, Haiti Başkanı ve Diktatörü Francois Duvalier'ce kurulan Tonton Macoute paramiliter polis kuvvetleri tarafından kaçırılmış ve öldürülmüştür ☺

Brezilya turnuasından onaltı sene sonraki 1966 Dünyâ Kupasında İngiliz Millî Futbol Takımının Teknik Direktörü olan Alf Ramsey'e, finallerden önceki haberler servisi toplantısında, Amerikalı bir gazeteci, "Sir Ramsey, ABD'nin, 1950'de İngiltere'yi 1-0 yendiği maçta siz de oynuyor muydunuz?" diye sorması, salonda gülmelere-kıkırdamalara yol açmış ama Sir Ramsey, o İngilizlere özel soğukkanlılık ve kara komedi felsefesinde, ". . . ya, tabii oynuyordum . . . zâten yegâne oynayan da bendim!" yanıtı ile salondakileri kahkahaya boğmuş, başkasının sinirlenerek ters bir cevap verebileceği konuyu da mizah ile geçiştirmişti. ☹

Yaşamımıza paralel:

"Godfather-Baba" filminde, Don Corlione (Marlon Brando) oğlu Michael ile (Al Pacino) olan söyleşisinde, birçok Mafia âilesinin sonunun çabuk gelmesine karşı, kendi âilesinin, halâ niye ayakta durduğunun nedenini sorar. Michael ses çıkarmaz. Don Corliaone, "Kimseyi yeteneksiz görmem de ondan . . ." der! Ona göre, gururu-kibri bir yana bırakıp, her zayıfın ve kuvvetsizin, aslında herşeyi yapabilmeye yetenekli olduğunu düşünmek ve ona göre plân yaparak hazır olmak gerekmektedir.

Kıssadan hisse:

İngiliz Takımı, kendini rakîbinden üstün görmenin kurbânı olmuştur. Unutmayalım, karşımızdaki, her dezavantajına rağmen, bizi alt edebilir!

BEŞİKTAŞ 1(0)—SAMSUNSPOR 4(4)

KIRMIZI KART DEPREMİ

Süper Lig, 2003-2004 Sezonundayız . . .

İstanbul, Mithatpaşa/İnönü Stadı . . .

Târih, 1 Ocak, 2004'ü göstermekte . . .

İkinci Devre başında 51 maçta yalnız 1 yenilgi aldığı kayıtlanan Beşiktaş, en yakın rakîbi Fenerbahçe'den de 8 puan ilerde, nâmağlûp olarak İkinci Devreyi liderlikle açıyor, Birinci Devre'nin başlangıcında, 8 Ağustos, 2003'te, Samsun'da 3-1 yendiği Samsunsporu misâfir etmekte . . .

Maça girişmeden, zaman makinasına binip, Lig'in sonuna giderek, şampiyona sonuçlarına bakıyoruz:

Fenerbahçe 76 puan ile şampiyon!

Beşiktaş 62 puan ile, 72 puan sağlamış bulunan Trabzonsporun arkasından üçüncü olmuş!

Birinci Devreyi, Sarı Kanaryaların 8 puan ilersinde bitiren Kara Kartallar, 14 puan geriye düşmüşler! Ezelî rakiplerine karşı bütün sezonda da tam 22 puan kaybetmişler! Birinci devrede hiç mağlûp edilememelerine karşı, İkinci Devrede 8 maçta yenilmişler! Bu 22 rakkamının, 7 yenilgi ve 1 berâbere karşıtı olduğunu düşünürsek, hemen hemen İkinci Devredeki 8 yenilgiye eşittir

Demek ki, Fenerbahçe İkinci Devredeki herhangi 8 maçında gâlîbiyet alırken, Beşiktaşın bu 8 maçtaki yenilgileri kendilerini şampiyonluktan uzaklaştırmış, ikinci bile yapamamıştır!

Hadi bakalım, bu değişikliği formüle etmede gelin de, çıkın işin içinden . . .

Yazar, bu maçı ABD'de, Türk DFH sisteminin sağladığı TV programından canlı olarak izlemiştir. O da, çoğunluğun düşüncesine katılmakta, İstanbul'da oynanan Beşiktaş—Samsunspor maçının, Siyah Beyazlılar için, o sezonda deneyecekleri, "Sonun başlangıcı" olduğunda hemfikirdir.

Şimdi, gelelim maça:

Beşiktaşlı Giunti, 13.üncü dakikada Sarı Kart görmüştü . . .

Oyunun 17.nci dakikasında Samsunsporlu Serkan takımını 1-0 öne geçirmişti . . .

Buna Beşiktaşlı Pancu 4 dakika sonra, 21'de cevap vermiş, durumu 1-1 yapmıştı . . .

Samsunsporlu Evren'e, 24.üncü dakika Sarı Kart gösterilmişti . . .

Beşiktaşlı Zago, 25.inci dakikada Kırmızı Kart görerek oyun dışı kalmıştı: Beşiktaş 10 kişi!

Beşiktaşlı İbrâhim Üzülmez, 41.inci dakikada Kırmızı Kart görerek oyun dışı kalmıştı: Beşiktaş 9 kişi!

44.üncü dakikada, Samsunspordan Julio César'a Sarı Kart verilmiş, Beşiktaşlı Ahmet'te Kırmızı Kart ile oyun dışı bırakılmıştı: Beşiktaş 8 kişi!

Samsunsporlu Julio De Souza, 45.inci dakikada çıkıyor, yerine Musa giriyordu . . .

Birinci devre, bu şekilde 1-1 kapanmıştı . . .

İkinci devre başlar başlamaz, 47'de,
Samsunsporlu Adnan'a bir Sarı Kart çıkmış,
aynı oyuncu 3 dakika sonra, 50'de de bir gol kaydetmişti: 1-2!

Golden 5 dakika sonra, 55'de, Serkan, kendisinin ikinci, takımının üçüncü golünü çıkarmıştı: 1-3!

Beşiktaşlı Yâsin, 56.ncı dakikada yerini Gökhan'a bırakmıştı . . .

Samsunsporlu Bülent, 59.uncu dakikada yerini Caner'e bırakmıştı . . .

Samsunsporlu Kirita, 67.nci dakikada Samsunspora bir gol daha kazandırmıştı: 1-4!

Pancu, 69.uncu dakikada Kırmızı Kart görerek oyun dışı kalmıştı: Beşiktaş 7 kişi!

İki dakika sonra, 71'de, Beşiktaş Kalecisi Cordoba çıkmış, yerini Ramazan almıştı . . .

Bundan üç dakika sonra, 74'te, Samsunsporlu Evren oyundan alınmış, yerine Serkan Dökme girmişti . . .

Oyunun normal sürecinin bitmesine 5 dakika kala, 85'te, İlhan Mansız da Kırmızı Kart görünce, Beşiktaş 6 kişi kaldığından maç Hakem Cem Papilla tarafından sonlandırılmıştı . . .

Sonraki gün ve haftalarda olayı izleyen Disiplin Kuruluna sevkedilen Beşiktaş, 0-4 olarak, bir de üstelik hükmen mağlûp sayılmıştı!

Şimdi . . .

Bu olayı, "Bir asırdan fazla Türk futboluna şeref ve gururla hizmet etmiş, milyonların kalbinde taht kurmuş olan Beşiktaşımıza yakıştırabiliyor muyuz?" gibisinden klişe eleştirmelere geçmeden evvel, herşeyi önce bir mantık, lojik, rasyonel ve sağ duyu boyutlarında yorumlayalım:

Bu maç, iki "popüler İstanbul kulübünün," puanlarının eşit olduğu, lig sonunda veya kupa finalinde şampiyonluk için son sözü söylemede karşı karşıya geldikleri bir maç mıdır?

Hayır, değildir . . .

Bu maç, takımlardan birinin şampiyonluk iddiasını sürdürdüğü son bir maç mıdır?

Hayır, değildir . . .

Bu maç, küme düşme sınırında olan iki takımın, kimin düşeceğini belli edecek bir maç mıdır?

Hayır, değildir . . .

Bu maç, takımlardan birinin, düşmemek için oynadığı kümede kalma uğraşısını ortaya koyduğu bir maç mıdır?

Hayır, değildir . . .

Bu maç, her iki takımın da bundan evvel yaptıkları maçta çok kötü şeylerin izlenmesi dolayısı ile gerilimi daha oyundan önce başlatan bir maç mıdır?

Hayır, değildir . . .

Demek ki, futbolda saha içinde ve tribünler arasında ki alışıla-gelen gerilim klişelerini karşılamayan bir müsâbaka . . .

Beşiktaş ev sâhibi . . . Ligde nâmağlûp . . . en kuvvetli rakîbinden 8 puan ilerde . . . tam kadro ile seyircisinin desteğinde sahaya çıkıyor . . .

O zaman bu maçta gerilim ve bir anda,
sille-tokat, tekme-yumruk, kavga-dövüşe
dönüşmesi nasıl oluşuyor?

Beşiktaş oyuncuları 51 maçta görmedikleri yenilgiyi tadacaklarını hissettiklerinden dolayı mı hırçınlaşmışlardır?

Samsunspor oyuncularının sertliğine mi sinirlenmişlerdir?

Hakemin, Samsunsporlulara Sarı, kendilerine Kırmızı çıkardığından dolayı mı öfkelenmişlerdir?

Beşiktaş, güzel oyun sergileyememesi sonucu, kişiliğini, varlığını kaba kuvvete dönüştürerek mi kanıtlamaya yönelmiştir?

Beşiktaş seyircisiyle Beşiktaş oyuncuları, karşılıklı olarak yangına körükle gitmişler midir?

Tabii bunların hepsi spekülasyon, kuram boyutlarındadır ve dayanakları bulunmamaktadır.

Mâlûm, bir hakikatin 3 yüzü vardır! Burada:

1) Beşiktaş'ın izlediği hakîkat
2) Samsunspor'un izlediği hakîkat ve
3) Tüm hakîkat . . . analize edilebilir.

Yazarca Beşiktaş'ın en büyük hatâsı, Birinci Devrenin bitiminde daha durum 1-1 iken ve 3 oyuncusunu Kırmızı Kart'a, ama haklı, ama haksız olarak kaybettikten sonraki 15 dakikalık ara içinde, soyunma odasında, İkinci Devre için probleme hal çâresi bulmaya yönelmemiş olmasıdır.

Teknik Direktör Lucescu'nun, hem oyuncularıyla ne konuştuğunu bilmemekteyiz ve hem de Beşiktaş Kulübü idârecileriyle görüşüp-görüşmediğinden haberimiz bulunmamaktadır.

Lucescu oyuncularına bu 15 dakikada hangi strateji boyutu gündeminde, ne taktik vermiştir, verebilmiştir?

. . . yoksa birşey verebilmiş midir?

Böyle birşey her antrenörün, her maçta deneyliyeceği durumlardan olmadığından, Lucescu da acaba ne yapılması gerektiğinde paniklemiş midir?

Beşiktaş idârecilerinin duruma el koyması gerekmiş midir yoksa uzak mı kalmışlardır?

El koydular ise ne gibi bir öneride bulunmuşlardır?

El koymadılar ise, nedendir?

İkinci devrede Beşiktaş'ın çıkardığı oyun, futbolcuların ne antrenörlerinden ve de ne idârecilerinden kesin, yatkın, belirli bir strateji-taktik almadıklarını, aldılarsa da bile uygulamaya yetenekli bulunmadıklarını göstermekte değil midir?

O zaman takım İkinci Devre'ye niye çıkarılmıştır?

Ellerinden geldiği kadar "işi idâre edip" maçı en az zararla kapatmaları mı beklenmiştir?

Dördüncü Kırmızı Kartı gerektiren olay, bu olasalığı da silmektedir!

Eğer inâdına iki Kırmızı Kart daha alıp maçı sonlandırma düşünüldü ise, 85.inci dakikaya kadar neden beklenmiştir?

Tersine, Beşiktaşlı İlhan Mansız, oyunun normal sürecinde bitmesini 5 dakika daha niye bekleyememiş, Kırmızı Kart yaratmıştır?

İllâ ki, maçın hükmen bitim boyutuna yönlendirilmesi gerekiyor ise, bahsi geçen 15 dakikalık arada antrenörün buna karar vererek takımı sahadan alması, hükmen 0-3 yenilgiyi kabullenmesi, İkinci Devrede de hem oyuncuların ve hem de seyircilerin azâp çekmelerini önlemesi daha akla yakın gelen bir çözüm değil midir?

Yok, hükmen bitim boyu odaklanmamış ise, İkinci Devrede ne gibi tedbirleri önermiştir?

Bütün bu soruların cevaplarını bilmememize rağmen, ortada olan hakîkat, Beşiktaş'ın bu maçta yüklendiği moral ve psişik travma, maçın arkada bırakılmasını, yeni maçlara olumsuz ve yıkıcı duygulardan uzak olarak çıkılabilmesini engellemiş, inançsal ve duygusal sistemleri olumsuz bir şekilde etkilenen takım da rahat şampiyon olunabilecek bir sezonu vermiştir. Yazar, hem oyuncuların, hem antrenörün, hem idârecilerin ve hem de taraftarların Hakem Cem Papilla'yı sorumlu tutmalarında haksızlık yaptıklarını düşünmektedir. Hakem kararları dolayısı ile çok takım haksız yere maç kaybetmiştir ama AngloSakson literatüründeki, "Two wrongs do not make a right," yâni, "İki yanlış, bir doğru üretmez" deyişi örneği, Hakem yanlışlarına, oyuncularca da yanlış tepki verme, Hakemin hatâlarını—o da var ise—düzeltmemiştir.

Evet, geldik yaşamımıza paraleller çekmeye:

Yaşamımızda bize yönlendirilen bir şiddete, travmaya, hücûma, ayıba, terbiyesizliğe nasıl tepki gösteririz?

Bâzen, öfkelenip bedensel tepki göstermeden kaçınamayız. Örneğin, geceleyin âilemizle beraber arabamızı park ettiğimiz yere yaklaşıyoruz ve adamın biri yolumuzu kesiyor, para vermezsek ailemize zarar verme ile tehdit ediyor . . .

Ne yapacağız? Nasihat mı vereceğiz? Çalışmaz . . .

Adam yumruğunu salladığında, biz de işe girişiriz!

Mamafih, çok zaman, öfkemiz, bilhassa erkekler arasında, "ego" muzun rahatsız olmasındandır . . .

Arabada giderken, hem suçlu, hem güçlü, yanımızdaki araba hatâ yaparak geçip-kaçarken şöför, bir de bize elle ayıp olan işareti yapmaktadır!

Şimdi ne yapacağız? İşimizi-gücümüzü bırakıp, arkasından son hızla bu terbiyesize ders vermek için izlemeye başladığımızda hem yoldakileri ve hem de arabadaki âilemizi bir otomobil kazâsına uğratma olasılığına yol açmamıza değer mi?

Haklı olalım, haksız olalım, bireysel problemlerin sebep olduğu "ego öfkemizin" ve yönelteceği bedensel tepkimizin, bize, âilemize ve etrâfa zararı dokunabileceğini göz önüne alarak, affetmemiz ve/veyâ üzerinde durmamamız sağlıklı olacaktır.

Beşiktaş oyuncuları, bir lidere lâyık oyun gösterememenin ve/veyâ karşıki takımın sert oyununun, "ego" larını zedelemesine tahammül edememelerinden dolayı işi bedensel şiddete dökmüş, onlar döktükçe Hakem Kırmızı Kartı basmış, Hakem Kırmızı Kartı bastıkça, Beşiktaşlılar bedensel şiddet ile tepki göstermiş ve bu kısır döngü 5 Kırmızı Kart ile sonuçlanmıştır ☹

Yine, ama haklı, ama haksız olsun, Kırmızı Kart alan bir oyuncu, takımına karşı olan sorumluluğunu unutarak veya ona aldırmayarak kişisel öfkesini öncelikleyerek, incinen "ego" sunu şiddete baş vurarak tâmir etmeye, telâfiye yönetmede, takımına vereceği zararı düşünmüyor demektir. Böyle bir oyuncu ne kadar yetenekli olursa olsun, takımında oynamaya lâyık değildir!

Rûmî'nin bir sözü vardır: "Sevmediğin için sevdiğinden mi vaz geçeceksin . . . yoksa sevdiğin için sevmediğine mi tahammül edeceksin? . . ." Beşiktaşlı oyuncular, "sevmedikleri Samsunsporlu oyunculara ve/veyâ Hakeme karşı, sevdikleri Beşiktaş'tan vaz geçmişlerdir!" Gönül isterdi ki, "sevdikleri Beşiktaş için sevmedikleri Samsunspor'a ve/veyâ Hakeme tahammül gösterebilselerdi . . ."

Yaşamımızda, "kişisel ego" muz ne kadar önemlidir?

Âilemiz için, arkadaşlarımız için, akrabâlarımız için, işimiz için, etnisitemiz için, toplumumuz için, milletimiz için, dînimiz için . . . takımımız için, kişisel yaralanmalara, incinmelere, hırpalanmalara, itilme-kakılmalara, küçümsenmelere olgunluk göstererek aldırmayabiliyor muyuz?

. . . üzerinde durmayarak, affedebiliyor muyuz?

"Önce ben" felsefesini terkederek, "önce sen," önce siz," önce o," "önce onlar" diyebiliyor muyuz?

Gururumuz, sevgimizden daha mı önemlidir?

Kıssadan hisse:

"Öfke ile kalkan, zararla oturur . . ."
"Keskin sirkenin zarârı dibinedir . . ."
"Mum, yandığı yeri yakar . . ."
Korku'nun, öfke'nin, hüzün'ün ve endîşe'nin problem çözümünde faydaları değil, zararları dokunur!

AVUSTURYA 7—İSVİÇRE 5

Hitzeschlacht von Lausanne
(Lozan'daki Sıcaklık Savaşı)

Bu uluslararası maçın skoru, Avusturya ile İsviçre'nin 1954 Dünyâ Kupasında Çeyrek Finaldeki karşılaşmalarının sonucudur.

Müsâbaka birkaç özellikten dolayı kayıtlara geçmiş, uzun seneler de tartışılmış, anımsanmıştır:

Özelliklerinin en başında, Dünyâ Kupasında en çok golün kaydedildiği maç olarak kanıtlanmıştır.

O devirde, futbolun daha açık, yaratıcı ve innovatif bir yaklaşım ile oynanmasının yanında, pres yapmaktan ziyâde, kendi oyununu kurmanın öncelik tanıdığı ortamda bol göllü millî maçların devamlı izlenmelerine rağmen, bu kadar golün kaydedildiği başka bir maç bilinmemektedir.

İkinci özelliği, hava sıcaklığının 40 Santigrat/104 Fahrenheit olduğu günde olması, başlıkta belirtilen Almanca açılım ile adlandırılması, maç esnâsında oyuncuların dehidrasyon-bedenin su kaybetmesi durumu yüzünden de tedâvi görmüş bulunmalarıdır.

Üçüncü özelliği, bu kadar korkunç sıcak altında oynamalarına rağmen, nispeten "soğuk iklimlerin memleketleri" nden olan her iki takımın da bütün maç boyunca yılmadan, usanmadan devamlı bir şekilde birbirlerinin kalelerine yüklenmeleri, hücûm etmeleri ve gol aramalarındaki ısrarlarıdır.

Dördüncü özelliği, İsviçre'nin, 4 dakika içinde 16.ıncı, 17.nci ve 19.uncu dakikalarda, Avusturya'nın da, 3 dakika içinde 25.inci, 26.ncı ve 27.ncide karşılıklı 3 gol çıkarmış olmalarıdır! Üç golün, 3-4 dakika içine sığdırılmasına başka maçlarda rastlanmazken, bir de üstelik iki takımca karşılıklı kaydı, görülmemiş ve belkide ilerde de duyulmayacak bir niteliktedir!

Beşinci özelliği, Avusturyanın 0-3'ten sonra, 7-5'i bulmasındadır.

Altıncı özelliği, Avusturyanın Birinci Devreyi 5-4 kapatmış olması ve Dünyâ Kupasında, bir devrede en çok gol atan takım şeklinde istatistiklere geçmiş kayıtlanmasıdır.

Yedinci özelliği de, aşırı sıcağa, maçın Yarı Finale kalma uğraşısında her iki takımın da iddialı ve girişken bir şekilde oynamasına, taraftarların da ateşli desteklemelerine rağmen, hiçbir oyuncunun ihtar almadığı, faullerin çok ender ve kasıt düşünülmeden yapıldığı, gelmiş-geçmiş en centilmence oynanan müsâbakalardan biri olmasıdır.

Gelin, isteyenlerin "YouTube" yayınlarından da izleyebilecekleri maçı gözden geçirelim:

Oyuncu	Dakika	Avusturya	İsviçre
Ballaman	16	0	1
Huegi	17	0	2
Huegi	19	0	3
Wagner	25	1	3
Koerner	26	2	3
Wagner	27	3	3
Ocwirk	32	4	3
Koerner	34	5	3
Ballaman	39	5	4
Koerner	42(penaltı)	5 (gol yok)	4
Wagner	53	6	4
Huegi	60	6	5
Probst	76	7	5 (Sonuç)

Avusturya bu maçtan sonra Yarı Finalde Almanya ile eşleşmiş, 1-6'lık skor ile finali oynama dışı kalmışken, üçüncülük maçında Uruguay'ı 3-1 yenerek, FIFA Bronz Heykeli eve götürmüştür.

Yaşamımıza paraleller:

Bu maçta gerek Avusturya'nın ve gerek ise İsviçre'nin karşılıklı bulduğu 3 golü, 3-4 dakika içine sığdırmalarını nasıl açıklayabiliriz?

Her iki takım da, hemen hemen aynı kısa zamanda, arka arkaya "başarılı" ve "başarısız" olmuşlardır.

Yaşamımızın inişli-çıkışlı gidişinde bâzen başarıya umulmadık kısa bir zamanda eriştiğimizi, bâzen de yine umulmadık kısa bir zamanda başarısızlığı tattığımızı kayıtlamışızdır. Bu iniş ve çıkışların yerlerini, zâmanlarını, sebeplerini ve birbirleriyle olası ilişkilerini de pek düşünmeyiz.

AngloSakson literatüründe ". . . there are reasons and then . . . there are seasons . . ." yâni, ". . . Bâzen sebepler oluşur . . . bâzen de mevsimler ulaşır . . ." şeklinde tercüme edebileceğimiz bir deyim vardır. Bu belki de, kontrolümüz altında olmayan "destiny-kader" ile, kontrolümüz altında olan "free will-serbest arzu, geleceğin kendimiz tarafından belirlenmesi" arasındaki dengelemeyi yansıtan en yerinde kullanılmış metaforlardan biridir.

Rahmetli Babam Turhan Bey, "kader" i, "irâde-i küllîye-büyük yönetim" ve "birşeyi oluşmaya-oluşturmaya yetenekli durumumuzu" da, "irâde-i cüzîye-küçük yönetim" olarak sergiler, birbirlerine karşıt gibi olan bu iki fenomenin, aslında birbirlerini tamamlayıcı karakterlerinden bahsederdi. Verdiği metafor da, "bir sal üzerinde, nehirde ilerlememiz" idi. Salı götüren su akımının değişmelerini kontrol altında tutamamamız yönünden, "kader" ile, salın üzerindekileri de "serbest oluşturma hürriyetimiz" şeklinde kontrol altında bulundurduğumuz düzeyde özdeştirirdi. Salı alan-götüren su kitlesinin zaman zaman bir nehir, bir ırmak, bir dere, bir çağlayan ve bir göl kıyısı şekline dönüşebileceğini ve buna bizlerin uyum yapması gerektiğini, salın üzerinde ise, geleceğimizi garanti altına almada birbirimizle çalışmamızı, salı idâre etmedeki yaklaşımımızı, kaptanımızın yetenekli olup-olmadığını, hastalıkta birbirimizin yerini alarak sal üstü görevleri aksatmamamızı gözden geçirerek her iki fenomenin uyumunda bizlere sağlıklı sonuçlar sergileyeceğini açıkladı. Babamın üzerinde durduğu, dış dünyâyı kontrol edemememize karşılık, iç dünyâmızla odakladığımız bir hedefe ulaşmada, çalışmamızı, gayretimizi, sebâtımızı ve dayanışmamızı her zaman hazır tutmamız gerektiğini (sebepler), dış dünyâdan da bilinmeyen bir zamanda olumlu akım oluştuğunda (mevsimler), her iki enerjinin birleşerek bizleri başarıya yönlendirme potansiyelinin tanımı idi.

Bahsi geçen oyunda, Avusturya da, İsviçre de, değişik zorluklara rağmen bütün maç boyunca arzu ve özveriyle, başarıya ulaşma uğraşılarına devam etmişler, "su akımının 4 dakikada İsviçreyi kuvvetli bir şekilde götürmesi" esnâsında İsviçre, "3 dakikada da Avusturyayı kuvvetli bir şekilde götürmesi" esnâsında Avusturya, karşılıklı 3 gol kaydetmişlerdir ki, çok ilginçtir!

Yaşamımızdaki niyet ettiğimiz bir işte "tâlih" in, ne zaman yüzümüze güleceği, işimizin ne zaman "rast gideceği" meçhuldur. Hem içerdeki hazırlığımızın, hem de dışardaki fırsatın aynı anda oluşmasını Jung, "sinkrosite" ile fenomenlemiş, bihassa "I Ching" felsefesinde inceleyerek "tesâdüf" ün, aslında ilimle açıklanabileceğini iddia etmiştir.

Kıssadan hisse: Çalışalım, çalışalım, çalışalım . . .

YAZAR'IN BİTİŞ DÜDÜĞÜ

NOSTALJİ TERAPİSİ

Yazar, Birinci Bölümde sahada olanlardan, İkinci Bölümde de geçmişte izlenilen bâzı maçlardan örnekler vererek, futbol ile yaşamımızın birbirlerini anımsatan dinamizmlerini, oluşumlarını, akımlarını sergilemeye çalışmış, maçtaki problemlerin, yaşamımızda da karşılıklarının bulunduğunu ve bu zorlukların çözümünde ne gibi tutum ve davranışlarımızın sağlıklı olacağı boyutunda yorumlarını derlemiştir.

Futbolu seven herkesin, çocukluğundan ergenliğe, ergenlikten yetişkinliğe, yetişkinlikten yaşlılığa geçişlerinde bu spor dalı ile ilgili olarak değişik futbol deneyim geçirdikleri ve ayrı ayrı birikimleri olduğu şüphesizdir.

Yazarın bu konuda, futbol'u hiç sevmeyen, nefret eden tanıdıklarından tutun da, taraftârı olduğu takım için her yer ve zamanda taşkınlıklar göstermekten kaçınmayacak derecelerde fanatik çıkan arkadaşları bulunmaktadır. Bu geniş spektrumda, yazar, "ılımlı" bir düzey ve derecede kalmış, bir taraftan Fenerbahçeli olmanın sevgisini tadarken ve promosyonunu yürütürken, diğer yönden de, sonucu ne olursa olsun, centilmence ve sportmence ortaya konulan oyunları, güzel pasları, şahâne golleri, akıl almaz kurtarışları, oyunların âdil bir şekilde yönetilmelerini, seyircilerin terbiye içinde mizah yüklü bir şekilde takımlarını desteklemelerini de dâima takdîr etmiştir.

Evvelce de belirtildiği üzere, daha çocuk yaşlarda ilk arkadaşı olan, günümüzde de, Avrupa Tiyatro Eleştirmenleri Birliği Türkiye Başkanı bulunan, uluslararası gazeteci ve yazar Üstün Akmen Üstad'ın, 1950'lerin başlarındaki Fenerbahçeli futbolcuların isimlerini tavla pullarına yazıp tanıtmasıyla başlayan futbol aşkı, Ağabeyisi Cemil ve Babası Turhan Bey tarafından geliştirilmiş, her ikisi de Fenerbahçeli olan bu büyüklerin de etkisiyle, genelde futbola, özelde de Fenerbahçeye olan bağlılığı, sonraki senelerde bir bağımlılık hâline dönüşmüştür.

Lise sıralarında Beşiktaş taraftârları Hilmi, Fırat ve Orhan, Galatasaray taraftârı Câvit, Fenerbahçe taraftârları Günay ve Ferit, Kasımpaşa taraftârları Zafer ve Necmi, Feriköy taraftârı Tolon ile senelerce haşır-neşir olunma, 50 seneden fazla târihi olan tatlı bir nostalji yaratmıştır.

Ağabeyisi Cemil'in aracılığı ile girdiği İstanbul Hilton'daki komiliğinde, şimdiki kayın birâderi Galatasaray taraftârı Yüksel, Galatasaray fanatiği olan Kaptan Şeref, "Hilton Sarı Kanaryaları" Fenerbahçeli garsonlar ile izlenen şakacı çekişmelerdeki güzel anılar birbiri ardından geçmişe kayıtlanmıştır. Hep berâber gidilen 12 Nisan, 1961 târihinde İnönü/Mithatpaşada oynanan Fenerbahçe (5)-AEK (1)(Yunanistan) maçının hâtırâları, bu gün bile, Yazar'ın gözlerini doldurmaktadır.

Tıp fakültesinde, Yazarın âilede kardeşi olarak algıladığı meslektaşı Beşiktaşlı Ömer, Göztepeli Recep ve Galatasaraylı Metin ile rekâbet devam etmiştir.

Askerde, Fenerbahçeli Turgay ile Sarı Kanarya yenilgilerinde berâberce "ah'lara-vah'lara," kazanmalarda ise "yaşasın!" a şâhit olunmuştur!

Amerika'da, FB-GS çifti Tulga-Dilek'le, GS'lı Mehmet ve Halûk ile, Fenerli Hulûsîyle, akrabaları FB'li baba-oğul Refik-Alpay'la, futbol yaşanmıştır.

İsim babalığı yaptığı Esi'den, ebeveynleri Mustafa ve Nuray'a, Fethiye'deki kuzeni Yıldırım'a kadar koyu Fenerbahçeli olan âile üyeleriyle çok lâtif anıları bulunmaktadır. Büyük kızı Edâ, lise bitirmede FB atkısı takmış, Türk Yürüyüşünde eşim Füsun'la ve kardeşi Ece'yle berâber bayrak taşımıştı!

Yazar, futbolun değerini, yalnız maç skorlarında değil, bu uzun yıllar âileyi, akrabâları, arkadaşları, komşuluğu, toplumu, mesleği, kariyeri ilgilendiren ve berâberce tadılan güzel anıları yansıtmasında algılamaktadır.

Yirmi senesini(1951-1971)geçirdiği Kurtuluş'ta, BJK'li Berber Orhan, GS'lı Kasap Mehmet, Beyoğlusporlu Bakkal Haralambos, Fenerli Zücâcîyeci Şeref, Feriköylü Manav Mustafa arası "çekişmeler ☺"

Futbol, eğlence ve eğlenti kaynağı olmuştu . . .
Futbol, arkadaşlık ilişkilerini geliştirmişti . . .

Futbol, âile kutlamalarına girmişti . . .
Futbol, hemşehrilik gururunu okşamıştı . . .
Futbol, millî hisleri coşturmuştu . . .

Futbol, "bir yere, bir gruba, bir oluşuma âit olma, onunla-onlarla özleşme ihtiyâcını" karşılamıştı . . .

Bu gün, bilhassa Yazar'ın yaşında olan bir futbolsever için, sevdiğinin hastanedeki durumundan, bir sınava girmesindeki olaya, evliliğinden, çocuk sâhibi olmasına, iş değiştirmesinden, yakınlarının vefâtına kadar genişletilebilen yaşamında, durumla özdeştirilen olumlu bir futbol anısı yer alabilmektedir!

Yazar, ergenliği ve yeni yetişkinliği zamânına rastlayan İstanbul Profesyonel Ligindeki ve içlerinden bâzılarının da yaşamlarını Millî Lig'de de sürdüren semt takımlarını, Adâlet'i, Emniyet'i, Beykoz'u, Beyoğluspor'u, Vefâ'yı, Feriköy'ü, Sarıyer'i, Karagümrüğü, Kasımpaşa'yı ve İstanbulspor'u, bu takımların maçları esnâsında yaşanan güzel hâtıraları özlemle anmaktadır . . .

"Peki, sen bu son kısmın başlığını, Nostalji Terapisi diyerek açılıma yöneltmişsin . . . Ne yâni, bu günkü zorlukları çözmede eskiyi düşünmekle mi iyileşeceğiz?" diye sorabilirsiniz.

Bu o kadar basit bir şekilde açıklanacak ve/veyâ erişilecek çözüm yolu değildir.

Yazar önce genelde okurlarına, özelde de şimdiki futbol izleyici kuşağına aşağıdaki soruları sormak istemektedir:

1) Futbolun etrâfında dönüp-dolaşan anılarınızdan hangisi sevgi ve hassâsiyetle kalbinize akmakta, gözlerinizi yaşla doldurmaktadır?

2) Elli seneyi bir yana bırakın, tuttuğunuz takımda, 5 yıl evvelki oyuncuların hepsini hatırlıyor musunuz?

3) Bildiğiniz futbolculardan kaç tânesi taraftârı olduğunuz takımda jübilesi yapılacak kadar uzun oynamaktadır?

4) Hava alanlarını hınc-a hınç doldurarak heyecan ile karşıladığınız, omuzlara aldığınız, kendi memleketinde bile böyle ağırlanma görmeyen yabancı futbolculardan hangilerini aynı heyecan ve keyif ile yolcu ettiniz?

5) Futbol ile ilgili hangi anınız aynı zamanda âile, arkadaşlık, komşuluk konumlarında olumlu olaylarıyla da özdeşmektedir?

Bu sorulara verilen cevaplar tatlı ve zevkli anıları yansıtıyor ise, Yazar'ın bir diyeceği bulunmamaktadır. Nostalji terapisine gereksiniminiz yoktur.

Mamafih, cevap vermede biraz zorlandı iseniz, buyurun, gözden geçirime devam edelim:

Futbolun, özellikle Milli Lig derleniminde Anadolu'ya yayılması ile, kümelerdeki semt takımlarının birer birer dip gruplara düşerek, en yukardaki ligde, yerlerini, aşağı kümelerden yükselen il-şehir takımlarına bırakmalarını sergilemiştir. Trabzonspor'un senelerce ard arda gelen şampiyonlukları, Bursaspor'un evvelki sene birinci olması, Göztepe, Eskişehirspor, ve diğerlerinin "Üç Büyükleri" senelerce zorlamaları, dördüncülük-beşincilikler ile Avrupa Kupalarına yelken açmaları hepimizce bilinmekte ve gurur duyurmaktadır.Bu devrede de nostalji edilecek birçok anı yer almıştır.

Total Futbol denilen, "hep beraber-her yerde-her zaman oyna-pres yap-oynattırma" felsefesinin 1960'ların sonlarında geliştirilip, 1970'lerde uygulanmasına paralel olarak, kulüplerin de, bir "âile yürütümü" nden, bir "şirket yönetimi" ne geçişi izlenmiştir. Aynı devrelerde, dünyâ ve Türkiyede oluşan sosyo-politik gelişimler, karşılıklı olarak futbol-toplum ilişkilerini de değiştirmeye başlamış, günümüze kadar sürmüş ve süreceği de ortadadır.

Bu değişiklikler içinde, herşeyden evvel, tribünlerdeki futbolseverlerin, önceki dekatlara oranla çok gençleştiğini izlemekteyiz. Bu genç kuşağın bâzı kümeleri, "güzel oyun" izlemekten daha çok, "ne ve nasıl olursa olsun, 3 puan bizim olsun" filozofisiyle doldurduğu tribünleri, sahadaki olaylara ve alınan sonuçlara tepki olarak ateşe vermekten, koltukları kırarak sahaya atmaktan, her şiddeti göstermekten, karşı takım oyuncularına ve taraftarlarına bedenen zarar vermekten, yaralamaktan, öldürmekten çekinmemektedirler ☹

Sahadaki oyuncular da, aynı hiddet ve şiddet akımlarında birçok çirkin sahneleri oluşturmaktadırlar ☹

Teknik Direktörlerin o eski, olgun, hoşgörü sâhibi "baba," "ağabey" kişilikleri gitmiş, yerine oyuncuları kadar hırçın kimlikler edindikleri izlenmiştir ☹

İdâreciler de, olayı tarafsız görmemekte, dâima karşı tarafı suçlamaktadırlar ☹

Futbol artık bir eğlenti-eğlence-hoş vakit geçirilecek bir araç olmaktan çıkmış, bir "cult-kült" karakterini alarak, korkutucu, ürkütücü ve yozlaştırıcı, taraflarca partizan tutum ve şiddet davranışlarının izlendiği bir akıma dönüşmüştür!

Yazar, bu kuşağın, bu seyircisinin, 30-40-50 sene sonra neyi, nasıl, nerede, ne zaman ve kiminle "nostalji" formülerleyeceklerinin merâkındadır!

Yazar'ın, ". . . ya, o gün maçta ne güzel vakit geçirmiştik değil mi? Yenen-yenilen şakalaşmış, sonra da Yorgi'nin meyhânesine gidilmiş, kaybeden tarafın taraftarlarının hesâbı ödediği yemekte felekten bir akşam yaşamıştık . . ." örneğindeki nostaljiye karşı, ". . . ya, o gün tribünleri ne güzel yakmıştık, attıklarımızla milletin başını-gözünü nasıl kan-revân içinde bırakmıştık . . . hele kırıp ta sahaya attığımız o koltuklar? . . . ne günlerdi o günler, be . . ." nostaljisini mi yaşayacaklardır? Gelecekte içinde olası zorluklarla, bu olumsuz ve yıkıcı anılarla mı baş edeceklerdir?

Her kısmın sonunda verilen "Kıssadan hisse" leri gözden geçirerek tutumumuzu ve davranışımızı önerilen böyutlarda yürürlüğe koyabilmemiz, bizlere gelecekteki olası kötü günlerimizi gözden geçirme olgunluğunda, içgörü üretmede ve yıkıcı yargıya dayanmayan çâreleri bulmada adetâ bugünkü yer ve zamandaki yatırımımız şeklinde algılanabilir.

Diğer bir deyişle, psişiğimize bu günden olumlu ve yapıcı tohumları ekmemiz, günlerimizi iyiye-güzele-doğruya yöneltmemiz, kötü günlerimizde hal çâresi bulmada sağlıklı biçmelere götürecektir.

Nostalji tedâvisinden gündeme getirilen bunlardır.

Unutmayalım, bedenimiz içerden de, dışardan da, "iyi" ve "kötü" akımlar içindedir. "İyi" akımların önünü ne kadar açar, akım miktârı ve hızını ne kadar desteklersek, her günümüzü olumlu ve yapıcı geçirerek ilersi için yatırımda bulunursak, "kötü" akımların da yaşamımızı etkilemesine o kadar engel oluruz.

Yazar, dekatlar önceki güzel futbol anılarını bir şiir hâlinde yansıtmış, günümüzdeki sorunlarda da, bu şiiri gözden geçirerek gönlünü ferah tutmaya çalışmıştır.

Bu şiiri, okurları ile paylaşmanın faydalı olacağını düşünmektedir:

ABD'de, her Kasım ayının üçüncü Perşembesi, "Thanksgiving-Şükran Günü" olarak kabul edilmiştir ve bir ay kadar sonraki Noel-Yılbaşı kutlamalarından bile daha önemlidir. Âilelerin bir araya gelmede büyük dikkat gösterdiği, öncelik taşıdığı bu gün, geleneksel olarak Hindi pişirimiyle de ilgili olduğundan, galat olarak "Hindi Günü" de denmiştir.Bundan 11 sene önce, 23 Kasım, 2000'de, Şükran Günü arifesinde, Yazar, geceleyin uyanmış, zamânımızda Fenerbahçe tribünlerinden 90 artı dakika devamlı gelen ". . . oléééé . . . olé-olé-olé . . . şampiyooooon . . ." nakârâtının yanında artık pek duyulmayan fakat eskilerin çok iyi anımsayacağı toplu destekleme çığırtkanlığında," . . .—amigo bağırıyor—Bir Baba Hindi!—taraftarlar bağırıyor— Heeeey, Allah!—amigo bağırıyor—olaydı da şimdi!—taraftarlar bağırıyor—Heeeey Allah!—amigo bağırıyor—pilâvı da senden—taraftarlar bağırıyor—heeeey Allah!— amigo bağırıyor—kaşığı da benden—herkes bağırıyor—yallah, yallah, heeeey Allah! Anımsamasından esinlenerek, Mithatpaşa/İnönü stadındaki "Hindi" yi, Şükran Günü Hindisiyle özdeştirerek, nostaljisini kâğıda dökmüştür:

ÖZLEDİM BABA HİNDİMİ!

Nasıl özledim, bilemezsiniz, "Baba Hindi" mi . . .
O Gazhânede* kaybettiğim kendimi . . .

Ne idi o günler . . . Ne idi o futbol . . .
Gır-gır ve şamata . . . Hem de bol, bol . . .

Mithatpaşa dolar-boşalırdı . . .
Onbeşbinlik yere üç mislini alırdı!

O saha dışı hazırlıklar . . .
Börekler, köfteler, balıklar . . .

Ondan sonra bir kuyruk sefâsı(!)
Stada girmek için . . . bu da cefâsı!

Dörder-beşer gruplanırdık,
Şakalaşmaya inanırdık ☺

Kırmadan, gücendirmeden,
Dalgamızı geçerdik, hemen . . .

"Bu gün size üç tâne var . . ." "Yaaa?"
"Yok canım? . . . amma yaptın haaa!"

"Geçen sefer ne oldu?"
"Kalenize goller doldu!"

". . . ama onlar ofsayt'tı, âbi!"
"Tabii, tabii, tabiiiiiii . . ."

"Peki, geçen hafta nasıldı?"
"Rakkamlar tepeye asıldı!"

"O tek başına bir takıma yeterdi . . ."
"Hadi canım, geçen ay kovadan beterdi!"

Küfür edilmezdi, hele kavga hiç yoktu ☺
Yalnız bir "i . . . hakem" terânesi çoktu ☹

Hakeme topluca böyle küfür edilirdi!
Yine de, "Ayıp! Ayıp!" dikkati çekilirdi . . .

Oyundan çıkana söylenirdi, "Sol-sağ, sol-sağ . . ."
Tabii golü atana da, yağ mı yağ!

Neler gördük . . . neler geçirdik . . .
Neler gördük . . . neler kaçırdık . . .

Baba Hakkı, Şükrü ve Eşref'e yetişemedim . . .
Cihat ve Baba Gündüz'e erişemedim . . .

Futbola gözümü 1950'de açtım,
Bin dokuz yüz yetmişte de Amerikaya kaçtım!

İşte bu 20 yıldır özlediğim . . .
Hâtırâ üstüne hâtırâdır gözlediğim . . .

Âbimin sırtında, Emniyet-Adâlet maçı . . .
Duhûlîyedeyiz**, acaip bir açı!

Vefâ'nın Hilmi'si, Beykoz'un Ekerbiçer'i . . .
İstanbulspor'un İhsan'ı, şutlar içeri!

Kasapoğlu, Güngör'ler, Kenan'lar,
"Bir baba Hindi!" denilen anlar . . .

"Şenol . . . Birol . . . Goool" diye bağıran Kartallar . . .
Yağmurdan korunmak için, şemsiye ve şallar!

Kışın, açık tribünde donarsın,
Yazın, kapalı tribünde kokarsın!

Bir de Feriköy çıkmaz mı Birinci Lige?
Âdetâ oynamıştı birinciliğe!

Semt takımıydı, gururlanırdık . . .
"Üç Büyükler" e karşı onurlanırdık . . .

Hey gidi Beykoz . . . Hey gidi Vefâ . . .
Kasımpaşa . . . Yaşayın bilerce defâ . . .

Var mı idi Metin gibi bir "vurucu?"
Var mı idi Şeref gibi bir "kurucu?"

İsfendiyar çizgi üstünden giderdi,
Baba Recep takımı idâre ederdi . . .

Basriciğim, oynar sakat-sakat,
Sanlı koşar da koşar, kalmasa da tâkât . . .

Özer'in 40 metreden necmi'yi avlaması,
"Kral" ın, ağları yırtan top kavlaması!

Beş-dörtlük Kartal-Aslan kapışması . . .
Beş-sıfır ile Kanarya'nın apışması!

Fener'in Kartal'a golü: Dakika 90!
Bu hâtırâları unutamıyor insan . . .

Târih gösterir: 22 Şubat 1956 . . .
Türkler, Macar efsânesini çaldı!

Turgay—Büyük Ali, Ahmet
        Mustafa (Sâim)-Nâci-Nusret
                İsfendiyar, Coşkun, Metin, Kadri, Lefter'e
Şükrânımız sonsuzdur, 3-1 yazdık deftere!

Koca Farago, Lantos, Buzanski
        Toth ve Hideguthi
                Czibor ve Puskas hepten şaşırdı,
O gün futbol, mantıkları taşırdı!

Trabzon Anadolu'nun, "medâr-ı iftihârı" idi,
"Üç Büyükler" sonunun ilk ihtârı idi . . .

"İdmanyurdu" olarak, Kupa'da Kartal'ı yendi!
"Yâhu, Anadoluda da iş varmış" dendi . . .

Dört-iki-dört ve 4-3-3 derken,
Göztepe oynadı hepsini erken!

Tribünde "Karınca ezmez," kalede "Deve" Turgay,
Yenebilirsen yen bu takımı, vay anam vay!

Rahmetli Peder ile bulunmuştuk jübilesinde,
Görmüştük Cihat ile Yâşini, kalesinde . . .

Ahmet çelmesi, Candemir çalması,
Lefter'in ordinaryüslüğünü alması . . .

Can'ın, Manchester City'yi avlaması,
Kadri'nin hakemleri tavlaması!

"Aaaaah, ah . . . Nâciye, Nâciye, cilveli Nâciye"
. . . diye, rakip koro, takılırdı Nâci'ye ☺

"Fener'e de ne oldu? Kovadan beter doldu . . ."
"Kartal'a da ne kaldı? Önüne geleni aldı . . ."

"Ciim-Boom, pabucu yarım . . .
"Çık dışarıya, oynayalım . . ."

Terâneleri çınlar halâ kulaklarımda . . .
Yaşar dâima önümde . . . anılarımda . . .

Şimdiki futbola bakıyorum . . .
. . . da, herkese biraz acıyorum!

Lefter'i, 40 yaşında sahadan zorla aldık!
Zamâne oyuncularına ise, şaşırdık kaldık!

Yirmilerinde "jübile?"
      Seyirciyi aldatır,
           Hem de bile bile!

Ne "Kanarya," ne "Kartal," ne de "Aslan . . ."
Transferini yap, oynama, git bara yaslan ☹

Ziyânı yok, oğlum, gelecek sene
. . . başkası alır seni, bir de onu dene!

"Haydi, Fener!" diye bağırırız . . . Niye?
Kimi gösterirsin bu gün, "Fenerli" diye?

Bir sürü kayıtlı yabancı getirildi,
Hepsinin önüne paralar götürüldü . . .

Golleri yediler ama atamadıkları goldü,
Sahadaki sahte şovları da bir roldü!

Hele seyirciler, ekserîsi ondördünde,
Elinde taş-sopa, adam dövme derdinde ☹

İdârecisi para yapmaya bakar,
Antrenörü, oyuncularından sakar!

Filvâki, başarıdan başarıya koşuyoruz,
Dünyâ-Avrupa "Fâtih" leriyle coşuyoruz,

"Korkma, sönmez" imiz duyuluyor her yerde,
Derecelerimiz, devâ oluyor derde,

. . . ama birşey eksik gibi geliyor bana . . .

. . . o arkadaşlık . . .

. . . o stadyum kültürü . . .

. . . o güzel şamata . . .

. . . o peynir-ekmek, hazır yemek . . .

. . . "havasıdır, âbiler" diye bağıran

tatlıcı . . .

. . . artık, târihten yana ☹

Nasıl özledim, bilemezsiniz, "Baba Hindi" mi . . .

O Gazhane'de* kaybettiğim kendimi . . .

* Eskiden, Mithatpaşa/İnönü Stadının "iki tarafı" vardı: Batı kenarındaki Gazhâne tarafı ve Doğu yönündeki "Deniz" tarafı!

** "Duhûlîye," stadın etrafında, tribünlerin altında, dar bir aralıktan yer düzeyinde sahaya bakan, ayakta durularak, birbirinin omuzundan maçın izlendiği en ucuz mevkiiydi.

Değerli Okurlar,

Yazar, 70 yaşının kapısını çalmak üzere olduğu şu günlerde, bütün futbolsever okuyucularının da Pederinin deyimiyle, "hayâtın vefâsı, sağlığın sefâsı" boyutunda aynı yaşlara geldiklerinde kendisinininki gibi futbol nostaljisini tatlı, güzel ve lâtif anılarla donatmalarını, bunu yapmak için de, "Kıssadan Hisse" yi hazmederek, yaşamlarını şimdiden sağlıklı, olumlu ve yapıcı yola yöneltmelerini dilemekte, kitabı bitirmede gösterdikleri sabıra da teşekkür etmekte, isteyenlerin, kendisine leonemorricone@aol.com adresine yazarak, iletişime geçmelerinden mutlu olacağını belirtmektedir.